现代企业创新发展研究

钟　毓◎著

吉林出版集团股份有限公司
全国百佳图书出版单位

图书在版编目（CIP）数据

现代企业创新发展研究 / 钟毓著. -- 长春 : 吉林
出版集团股份有限公司, 2024.3
　　ISBN 978-7-5731-3970-2

　　Ⅰ.①现… Ⅱ.①钟… Ⅲ.①企业创新—研究 Ⅳ.
①F273.1

　　中国国家版本馆CIP数据核字(2023)第141016号

现代企业创新发展研究
XIANDAI QIYE CHUANGXIN FAZHAN YANJIU

著　　者　钟　毓
出 版 人　吴　强
责任编辑　张西琳
装帧设计　雅硕图文
开　　本　710 mm × 1000 mm　1/16
印　　张　12.25
字　　数　220千字
版　　次　2024年3月第1版
印　　次　2024年3月第1次印刷
出　　版　吉林出版集团股份有限公司
发　　行　吉林音像出版社有限责任公司
　　　　　（吉林省长春市南关区福祉大路5788号）
电　　话　0431-81629679
印　　刷　长春市华远印务有限公司

ISBN 978-7-5731-3970-2　　定　价　78.00元

序

    如今是一个瞬息万变的时代，企业也面临着前所未有的机遇和挑战。如何在复杂多变的外部环境中持续发展，创新已成为企业的生命线。现代企业正站在一个充满机遇与挑战的关键时刻。在这个飞速变化的全球化时代，企业不再仅仅是经济活动的参与者，更是社会进步的推动者和创新的引领者。无论是科技的迅猛进步，还是不断涌现的新兴市场，都在重新定义企业如何运营、如何创新以及如何承担社会责任。

    随着科技革命的不断演进，数字化、人工智能、物联网等科技正深刻地改变着商业模式和市场格局。企业不再只是追求效率，更要追求创新和灵活性。适应变化、抓住机遇，已经成为现代企业成功的关键。在这个全新的商业环境下，企业需要在技术、数据和人才方面进行持续的投资和发展，以保持竞争力。

    然而，企业成功不仅仅要关注经济业绩，也需要关注社会和环境的可持续性。企业社会责任的观念已经越来越深入人心，消费者和投资者都更加注重企业的道德和伦理标准。在企业发展的道路上，平衡经济增长与社会价值，成为了一个重要的课题。

    创新、合作和适应是现代企业成功的基石。企业需要不断地寻求新的商业模式，与不同领域的合作伙伴共同探索创新解决方案。同时，也需要敏锐地洞察市场和消费者的需求，及时调整战略和产品，以适应快速变化的市场环境。本书系统研究了创新与企业发展的内在关系，剖析了不同类型企业的创新模式，并积极探索企业创新发展的法则、路径与保障机制。

    创新与创业息息相关，对于企业而言，内部创新也是一种"二次创业"。创新学科最初起源于20世纪初期经济学和管理学的交叉领域。早期的研究主要关注企业创新对经济增长和竞争力的影响。这个阶段的重点在于研究企业的创新行为、创新投资和创新政策。到20世纪中期，创新学科逐渐扩展到科学与技术领域。科学与技术的创新被认为是推动经济发展和社会进步的关键因素。研究开始关注科技创新的过程、推动因素和对社会的影响。到20世纪末，随着企业竞争的日益激烈，创新管理成为了重要的研究领域，形成了创新管理学。创新管理研究关注如何有效地管理创新过程，包括创新战略、组织创新能力、创新文化和创新团队的建设等。这个阶段的研究成果为企业提供了实践指导。21世纪，随着全球化和数字化的发展，创新学科变得越来越综合性。不仅关注技术创新，还关注社会创新，即以解决社会问题和提升社会福祉为目标的创新。社会创新涉及政策创新、社会企业（创业）、可持续发展等领域。当前，创新不再局限于单个企业的范畴，而是涉及整个创新生态系统。开放创新的理念得到推崇，强调企业与外部合作伙伴、科研机构、创业者和消费者之间的合作与共创。数字化技术和互联网的发展为创新生态系统的建立和开放创新模式的实现提供了便利。

我花了很长的时间和精力，在科研这条路上踽踽而行，并不轻松，但沉浸其中，实为一件让我专注的乐事。感激"广西高等学校千名中青年骨干教师培育计划"的支持，感激我的单位和领导，让我有了深造的机会；感激中南财经政法大学邓汉慧老师、浙江大学导师苗青老师对我长期以来的栽培，两位老师是我科研道路的引路人；感激我的师兄、师姐、师弟、师妹、朋友对我的帮助，我们常在一起讨论各种生活现状，尝试用学术思想、术语、理论来解读生活，这是一个令人兴奋、脑洞大开的活动；感激我的父母、家人对我工作和学习的支持，让我得以专心、安心做自己的事情，从不反对我学习、研究，为我的学习提供了许多帮助，以及重要的精神支持。

最后，希望本书能够对相关人士有些许参考作用，那便是我最大的荣幸了。

钟 毓

2023年1月5日

目　　录

第一章 绪论

　　根据现代企业管理理论，企业管理对象包括人、财、物、信息、时间等；从管理职能看，涉及计划、组织、指挥、控制、协调等职能；从管理环境看，涉及经济、政治、社会、自然、技术、伦理道德等环境；从管理基本原理看，包括系统、人本、责任、效益原理；从管理方法看，有经济、行政、法律、数理、心理学与社会学、教育学方法。现代企业以所有权与经营权分离为特征，其生存和发展的根基在于技术与管理的现代化，三者是相互交织、相互作用的关系，是组成企业的重要内容。现代企业管理，是在遵循社会生产力发展规律的基础上，运用科学思想、方式和策略，对企业生产经营活动进行高效管理，以效益最大化为目标的动态过程。

第一节　现代企业的特征与文化

一、现代企业的特征

　　企业，为满足社会需求，组织和安排某种商品（物质产品、精神产品）生产、流通和服务活动，进行自主经营、自负盈亏、独立核算，是具备法人资格的基本经济单位。由此可见，现代企业是一个从事生产经营活动的经济组织，是社会性组织，是自主经营、自负盈亏、独立核算的法人，一般包括以下特征。

（一）产权清晰

　　产权清晰，指以法律形式明确企业出资者与企业基本财产的关系，保证权利归属明确，不仅指法律上的清晰，还包括经济上的清晰。产权的经济清晰，指产权在现实经济运行下是明晰的，表现为产权最终所有者对产权的强制约束力，企业在经营活动过程中要做到自身权责利的统一。

（二）权责明确

权责明确，指合理区分、确定企业所有者、经营者、劳动者的权利、责任，各方主体的职责、权限有明确的边界。公司在存续期间，对企业财产（投资者的出资）享有占有、使用、处置、收益的权利，以全部法人财产对债务承担责任；经营者在所有者委托下，在一定时期、范围内经营企业资产及有关生产要素，享有获取相应收益的权利；劳动者根据与企业签定的合同，获得就业与相应收益的权利。

（三）政企分开

政企分开，指政府将原来与政府职能合一的企业经营职能还给企业；企业将原本承担的住房、医疗、社区服务等社会职能还给政府、社会，具体来说，就是要"放利让权""扩大企业自主权"。它包括以下3层含义。

（1）政资分开。政府行政管理职能与国有资产所有权职能分离。

（2）在政府所有权职能下，国有资产管理职能与国有资产营运职能分离。

（3）在资本营运职能下，资本金的经营与财产经营分离。

（四）管理科学

管理科学的概念十分宽泛。广义的管理科学包括企业组织管理化含义，如"横向一体化""纵向一体化"、公司结构若干形态。对于规模大、技术与知识含量高的企业而言，组织形态相对复杂。狭义的管理科学包括质量、生产、销售、人事、供应、研究开发等各个方面。评判管理科学的标准一般是管理方式的先进性、管理经济效率（管理成本、收益）等。企业在生产经营过程中，为确保管理的科学性，需要学习、引入先进的管理方式，转变企业管理模式，优化管理结构，构建起科学、有效的现代企业管理机制。

二、现代企业的责任与制度

（一）现代企业的责任

1.对国家的责任

现代企业对国家的责任包括：服从国家宏观调控；依法向国家缴纳各项税金、税费、利润；合理利用国家授予的经营管理资源，实现资产的增值保值。

2.对用户的责任

现代企业对用户的责任包括：为用户提供适销对路、物美价廉的商品、劳务；做好售前、售中、售后工作，为消费者带来良好的服务体验。

3.自身发展的责任

现代企业对自身发展的责任包括：自负盈亏、自我积累、自我发展，保障职工合法权益。

4.对社会的责任

现代企业对社会的责任包括：遵纪守法、诚信经营、保护环境、进行职工思想教育，主动承担起应有的社会责任，引领"正能量"。[1]

（二）现代企业的制度

企业制度，指以产权制度为内核的企业组织、管理制度，它包括以下3方面的内容。

（1）产权制度。产权制度指界定、保护参与企业的个人和经济组织的财产权利的法律、规则。

（2）组织制度。组织制度指企业的组织形式，界定了企业内部的分工协调、权责分配等关系。

（3）管理制度。管理制度指企业在思想、组织、人才、方法、手段等方面的安排，为开展管理工作提供保障。

从三者的关系来看，产权制度是企业组织管理制度的基础；组织管理制度反映企业财产权利的安排，一同组成了产权清晰、权责明确、政企分开、管理科学的现代企业制度。其中，产权清晰解决了法人制度问题；权责明确解决了组织制度问题；管理科学解决了管理制度问题；政企分开是三方面的前提，渗透在生产经营管理等各个环节。综上所述，现代企业制度是产权制度、组织制度和管理制度共同组成的有机整体，在企业的生产经营中扮演重要角色。

---

① 张露.湖北县域经济绿色发展路径研究［D］.武汉：湖北工业大学，2015.

第二节　企业制度与发展战略

一、企业制度

现代企业制度最早形成于资本主义发展较早的西方发达国家，是实施市场经济体制的国家在古典企业制度的基础上，经过近百年的发展逐步建立的一个顺应社会化大生产、市场经济发展需要，能让企业成为面向市场的独立法人和市场竞争主体的企业制度。

（一）企业制度的一般形式

企业制度，是企业产权形式、组织形式、经营形式、管理体系、分配机制方面的统称，用于规范企业所有者、经营管理者、劳动者之间的财产权利关系，确保组织顺利运行的基本规范。从内容上看，它包括企业产权制度、组织制度和管理制度。

根据企业资产所有者形式，企业制度包括公司制、个人业主制、合作制、合伙制等形式，特点不尽相同。

公司制企业，指两个以上投资者在一定法律程序下，组建的以盈利为目的的经济组织，具有独立法人资格，主要形式包括有限责任公司、股份有限公司等。

1.有限责任公司

有限责任公司由两人以上五十人以下股东出资，不对外公开发行股票，股东以其出资额对公司行为承担有限责任，公司以其全部资产对其债务承担责任。

2.股份有限公司

股份有限公司的全部资本划分为等额股份，两人以上两百人以下为发起人，股东以其认购的股份对公司承担有限责任，股票可以向社会公开发行和自由，其特点如下。

（1）股东投入公司之外的财产与公司财产分离，对公司债务不负直接责任。

（2）股东以其出资额为限承担有限责任，公司以全部资产对公司债务负责。

（3）公司债权人只能就公司资产提出偿债要求，无权直接起诉股东。

（4）股份有限公司的股票可依法公开发行、自由转让。这样做的好处，一是集中社会各类资金，提高资金利用效率；二是促进资本流动，刺激公众投资行为，保持公司竞争优势，提高运营效率。

（5）股份有限公司账目必须公开，以保护股东、债权人利益。每财政年度终了须及时公布每年年度报告和资产负债表、公司损益表、财务变动表等，将这些信息向有关利益主体提供。

（二）现代企业制度

现代企业制度，是顺应市场经济和现代生产力发展需要，依法规范的企业制度，基本形式是公司制，基本特征是产权清晰、权责明确、政企分开、管理科学，主要内容是产权制度、组织制度和管理制度。

1.现代企业产权制度

产权制度，是在所有制基础上，以产权为依托，对财产关系进行调整、组合的法律制度体系，要求归属清晰、流转顺畅、权责明确、保护严格。它对公司法人财产进行明确界定，公司财产权促使以公司法人为中介的所有权与经营权的分离。其中，管理公司的组织为法人治理结构。

2.现代企业组织制度

现代企业组织制度，作为企业组织基本规范，界定了企业组织指挥系统、各部门、工作人员分工协调关系及职责，组织运行的关键在于法人治理结构，这也是企业领导体制的核心。法人治理结构，是股东大会、董事会、执行机构、监事会组成的相互联系、相互制衡的组织机构。股东大会是由出资者组成的公司最高权力机构，对公司重大事项有决策权，是公司的实际控制人；董事会，是由股东大会选举产生的董事组成的公司常设决策机构，为法人财产代表，对股东大会负责，维护出资人权益。根据《中华人民共和国公司法》（以下简称《公司法》）的最新规定，上市公司董事会中要求有不少于1/3的独立董事，确保履职的科学、高效；执行机构，是由董事会挑选、聘用的高级经理人员，在董事会授权范围内经营企业，经营者业绩考核权在董事会；监事会，由股东大会选举产生，是由股东代表和一定比例的职工代表组成的监察机构，对董事会、经理执行机构工作进行监察，确保权力正常行使。这种企业治理结构反映所有权、法人财产权、经营权的相互分离、相互联系，使得权力机构、决策机构、监督机构、经营管理者之间各司其职、相互配合与制衡。

3.现代企业管理制度

现代企业管理制度，指安排企业管理活动的规范，如经营目的与理念、目标与战略、各部门事务等方面的内容，是确保企业科学、有效运转的前提。

（三）深化企业改革

随着社会主义市场经济体制的确立和升华，企业改革势在必行，在体制、技术、管理方面要求革新，具体表现在基本制度、经营理念、组织形式、管理方式等方面。在市场背景下，作为市场基本经济单位和竞争主体，企业主体地位的明确是建立健全市场经济体制的根本保障。在建构社会主义市场经济体制基本框架的过程中，需要对市场经济体制微观基础重塑，建构与之适应的机制——现代企业制度。在探求公司制尤其是国有制多种实现形式时，除少数行业应当由国家独资经营外，需要大力实施股份制，发展混合所有制经济，促进投资主体多元化。从企业自身角度看，应当革新旧有体制，转变经营机制，在激烈的市场竞争中建立一种"经营者能上能下、人员能进能出、收入能增能减，激励与约束相结合、技术革新、国有资产保值增值"的科学机制。

因此，企业改革的根本在于建立现代企业制度，这是顺应社会化大生产与市场经济的内在要求，是公有制与市场经济有效结合的重要路径。尤其是国有大中型企业，应当在有关法律法规要求下进行公司制改革，完善法人治理结构，将改革与改组、改造、加强管理结合起来，走出经营困境，增强竞争优势，在市场经营中发挥出应有的作用。同时，发展具备国际竞争力的大公司、大企业集团，放开、搞活中小企业。

在社会化大生产背景下，完善法人治理机制、加强管理是企业提高经营水平，实现高效运转的根本途径；依托现代科技完善管理手段，建立健全现代企业制度，在深化企业改革、提高企业核心竞争力方面具有深远的影响。企业改革是加强管理的前提，加强管理又能巩固改革成果，提高改革水平，二者是密切联系、相互促进的关系。所以，必须注重企业管理工作，严格规范组织结构，努力提高管理水平。市场环境的瞬息万变、科技产品的日新月异，使得市场竞争异常激烈，这对企业来说是挑战、更是机遇，应当大力推进管理创新，在科学理论指导下实现现代化。由于各国国情不尽相同，如基本经济制度、政治制度、文化制度等，导致企业管理性质大相径庭，从本质上看，企业管理发展水平，取决于一国的现代化程度和生产力水平。

尽管各国企业发展状况不一，但从总体趋势来看，在组织管理中具有以下共同之处——企业创新管理备受关注，管理的"软性""知识化"、战略管理走向国际化，感情管理更加开放、民主。经过近百年的探索，西方发达国家现代企业管理提出了"三个中心（以市场为中心、以人为中心、以效率和效益为中心）""两个基本方向（开放、合作）"理论，概括和描述了现代企业管理发展的新趋势。总之，随着管理实践的深入，相关理论将得到进一步丰富。

二、企业发展战略

企业发展战略，指企业结合内外环境变化，就长期战略目标及其实现的途径、手段做的整体规划。企业为了在激烈的市场竞争中保持优势，实现可持续发展和宏伟蓝图，需要采取各种有利条件，努力创造各种利好机会，在把握自身与环境关系的基础上，对经营范围、成长方向、竞争对策进行明确，制定科学、有效的发展战略，提高资源的利用效率。与企业经营策略、企业计划相比，发展战略表现出长远性、纲领性、全局性、竞争性特征，三者相互区别，又相互联系。其中，发展战略关系到企业根本性问题的决策，经营策略服务于战略，是具体筹划；发展战略规定企业计划的基本方向和主要要求，计划是对战略的展开、细化，要求与发展战略相适应，使之得以落实。

从内容上看，企业发展战略包括市场开拓与经营、产品开发、人力资源开发、企业文化建设、技术进步与创新等。由于发展方向不一，战略有单一经营、纵向一体化、外向化、集团化等形式。

（一）企业战略的作用

企业战略多种多样，但实际上都是关于企业整体性、长期性、基本性问题的谋划，在基本属性方面是一致的。像企业竞争战略、营销战略、人才战略、技术开发战略等，分别是对企业竞争方面、营销方面、人才利用方面、技术开发方面的整体性、长期性、基础性问题的筹划。由此可见，无论企业战略如何变化，其基本内涵是不变的，区别在于谋划问题的层次、角度等。因此，无论哪种类型的战略，只要涉及企业整体性、长期性、基本性的问题，都可以视作企业发展战略的重要组成部分。

事实上，"企业战略"一开始指的是竞争战略。20世纪80年代，迈克尔·波特（Michael E.Porler）发表《竞争战略》一书，深化了这一认知，他将企业战略等同于竞争战略，认为"军队从事战略，企业从事竞争"，二者尽管本质上不同，但都讲究"争"，军事战争残酷，企业竞争同样如此，一旦失败，则意味着淘汰、消亡。而在参与竞争的过程中，除了比拼人力、物力、财力，还强调竞争战略的谋划。

然而，波特的这一观点有一叶障目之嫌，竞争战略固然重要，但对于企业而言，它的生存与发展不应局限于竞争，还包括其他方方面面。从这个角度看，竞争战略是企业战略的重要组成部分，因此，企业在制定战略时，要树立整体的、长期的眼光，综合考虑关乎企业可持续发展的各个方面，人才、竞争、文化建设等缺一不可。

（二）企业发展战略的本质

企业发展战略，作为企业战略之一，是对企业发展中的整体性、基本性、长期性问题的总的筹划、安排。

究其本质，企业发展战略强调发展性，服务于企业的可持续发展。尽管企业竞争战略与营销战略同样服务于企业发展，但一个着眼于竞争、一个立足于营销，与企业发展战略还是有所不同的。

有观点认为，竞争性是企业战略的一个重要特征，对此笔者并不苟同。竞争性可以说是企业竞争战略的根本性特征，但并非所有类型战略的特征。这是因为，不同的企业战略，其本质特征千差万别。像企业人才战略以人才开发为本质特征，文化战略以企业文化建设为着眼点，信息化战略则立足于信息化这一基本问题。这些战略虽然同样是为了增强企业的竞争力，但并非针对竞争问题的谋划，没有过多涉及竞争战略问题。将竞争性视为企业战略的特征，没有意识到竞争战略与企业战略的本质区别。事实上，企业战略除了竞争战略，还有发展战略、人才战略、文化战略等多种类型。

企业发展战略作为各种战略的总和，具有明显的全局性、整体性特点。与其他战略相比，企业发展战略针对的问题更全面。从这个角度看，企业发展战略是其他企业战略的上位概念，对其他战略起着统率的作用，能够为其他企业战略提供指导，而其他企业战略则是发展战略的具体落实，是企业得以生存、获得成功的重要路径。

对于企业的决策者而言，必须注重企业发展战略的研究，这不仅关系到自身的切实利益，更关乎企业的生存与持续发展。企业的其他领导人能够一定程度上主持其他企业战略研究，如技术总监负责技术开发战略研究；营销总监负责营销战略研究，而企业发展战略的研究只能由企业的主要领导人完成。

（三）企业发展战略的具体内容

整体规划是企业发展的根本出路，作为一项针对企业发展的整体性、基本性、长期性谋略，企业发展战略具有整体性、长期性、基本性、谋略性特征，这是相对于局部的、短期的、具体的、常规的规划而言的。

1.发展战略

企业发展战略的本质特征（整体性、基本性、长期性、谋略性），决定了其重要的意义，具体表现在以下几个方面。

（1）谋划企业整体发展。企业是一个由若干相互联系、相互作用的局部组成的有机整体。整体有整体的问题，局部有局部的问题，整体的问题并非局部问题的简单相加，二者存在本质的不同。企业在发展过程中，往往涉及各种整体性问题，如环境的重大变化问题，生产要素与经营活动平衡问题，资源开发、利用、整合问题等。厘清这些基本关系，对整体性问题进行筹划，是企业得以在激烈的市场竞争中处于不败之地的关键。

（2）谋划企业长期发展。企业同样存在"寿命"问题，不管是企业出资人，还是经营管理者，都应树立"企业长寿"理念，将企业的短期发展与长期发展结合起来。要注意的是，长期发展是立足长远目标的基础上对短期目标的统筹考虑，这也是企业得以"长寿"的诀窍所在。企业的长期性问题涉及发展目标、步骤，产品与技术创新，品牌与形象，人才开发，文化建设，等等。鉴于此，企业领导层不仅要预测组织在未来发展中可能面临的问题，还要提前谋划，制定相应的解决措施，避免被问题"打"得措手不及；处理好长期利益与短期利益的关系。预测市场发展趋势尽管困难，但并非不可能，做好了整体的战略规划，遵循市场规律和发展要求，是能够在一定程度上把握市场的总体发展趋向的。作为企业的领导，必须重视企业的长远规划，不能只顾眼前利益，忽视了企业的未来发展，否则，企业注定无法长久。

（3）在立足企业整体性、长期性发展中把握基本性。在发展过程中，问题不可避免，企业要做的就是根据问题特征，分析问题原因，并找出针对性的解决措施。"树叶依托树枝，树枝依托树杈，树杈依托树干，树干依托树根"，对于企业来说，"树叶"类、"树枝"类和"树权"类问题庞杂、多样，但"树根"性问题甚少，而恰恰是这少的部分，却关乎企业的命运和未来发展。一旦树根腐烂，想要回到常绿基本不可能。同理，当企业在发展过程中，没有妥善处理好基本性问题，再怎么努力都是徒劳的，结果就是竹篮打水一场空。因此，作为企业的领导人，要强化基本问题意识，着重解决企业发展的基本性问题。要想实现谋划的目标，关键在于谋划方案的得当与否；要想走出现实困境，找出困境的根本是关键，这也是企业获得可持续发展的根本出路。

（4）注重研究企业发展时的战略。企业的发展战略不可以常理度之，而应当树立创新性理念，围绕着少投入、多产出，少挫折、快发展来制定。战略的制定，并非理论堆砌，更不是经验的照搬，而是诸多智慧聚集在一起迸发的结晶。智慧是对知识的运用，而拥有知识并不意味着有了智慧。大多数人尽管了解了"空城计"的知识，但并不具备孔明的智慧。在现代企业发展中，企业领导人应当拥有关于企业整体性、长期性发展的大智慧，拥有敏锐的嗅觉，能够对市场信息进行快速反应，在借鉴科学理论和先进实践经验的基础上，运用智慧来解决企业的发展问题，推动企业的发展、壮大。

2.战略内容

（1）概述。企业发展战略并没有固定的内容和模式，它因时、因人、因地、因事而异，随着市场形势的变化而变动，通常涉及中长期"干什么""靠什么""怎么干"等基础性问题。

（2）"干什么问题"。企业发展战略谋划的实际上是企业定位问题。市场形势瞬息万变，企业要想在激烈的市场竞争中获得突破与发展，首先要明确自身的定位，以便确保企业发展方向、目标等问题的解决。正确的方向是企业发展的保证，鉴于此，应当遵循规模化、差别化原则，做到专、精、特、新。企业的中长期目标不能是"空中楼阁"，飘忽不定。这要求企业领导人有远见、魄力和大智慧，能够预测市场发展总体趋势，在此基础上对谋略进行调整，以确保战略目标的实现。定位准确意味着公司的发展成功了一半。一般来说，有条件的企业可以发展多项业务，但核心业务不宜过多，而定位解决的就是核心业务问题。采取多元经营是一个很好的思路，但多核心经营则会"嚼多不烂"，甚至得不偿失。一家优秀的企业，往往是立足于自身的核心业务，来带动其他业务，发挥二者的相互促进作用，这就需要准确定位自己的经营范围、地区等。

定位有阶段性，企业处于不同的发展阶段，要求有与之适应的定位。定位方法多种多样，它看似容易，其实不然。不少企业自以为定位准确，殊不知存在巨大隐患，这也是他们走向失败的一个重要原因。

（3）"靠什么问题"。企业在谋划过程中，离不开各种资源。因此，企业需要充分发挥自身优势，利用好内外部的各种资源条件，在促进资源优化配置的基础上实现发展。可以说，广开资源是企业战略的重要一环，这也是确保企业定位得以落实的物质保障。企业领导人要具备大资源观，注重物质资源与人力资源、现实资源与潜在资源、国内资源与国外资源、经济资源与政治资源、空间资源与时间资源、体力资源与智力资源、直接资源与间接资源，将各种有形的、无形的资源利用起来，运用大智慧实现资源的合理搭配。

（4）"怎么干问题"。在中长期谋略过程中，企业要制订完善的战略措施，这是定位的保证，是善用资源的反映，也是企业可持续发展中的关键内容。具体涉及从哪入手、向哪里"开刀"、先做什么、再做什么、要留下哪些、要舍弃哪些、采用什么策略与政策、如何策划与运作等方方面面。在制定战略措施时，应遵循以下原则。

①省钱、省力、省时，但这绝不意味着不需要付出人力、物力、财力。

②从实际出发，顺应发展趋势，保证措施的弹性、灵活性。

③以定性为主，整体上把握。

④具有可操作性。

3.企业发展战略的制定

（1）概述。企业发展战略的制定顺序并不固定，但有迹可循，大体经历以下4个阶段。

①战略调查。战略调查阶段要求具备广阔视野，树立长远目光，结合市场形势进行分析，打破传统理念，认清企业发展的深层问题，抓住发展的主要矛盾及其主要方面。在调查时，要求考虑现实市场需求与潜在市场需求、现实竞争对手与潜在竞争对手、现实核心问题与潜在核心问题、现实自身优势与潜在自身优势、现实生产资源与潜在生产资源，把握事物之间的关联性，包括空间与时间的联系、有形与无形的联系。

②战略提出。战略提出即在调查基础上制定企业发展战略草案。草案的

拟定，并不过多要求具体、严谨、系统，但要确保全面反应核心内容。这对制定者有较高的要求，不仅要具备相关的专业素养，还需要有良好的责任感和事业心，富有敢于创新的胆识和魄力；不因循守旧、思想开放，做到与时俱进，善于听取他人合理意见，提高草案的科学性、民主性。

③战略咨询。在制定发展战略草案后，确定之前，应当立足战略整体或部分具体问题，征询社会的意见，邀请有关专家、学者就战略的科学性、准确性与可行性进行鉴定，提高战略水平，为战略的实施奠定基础。企业能力有限，往往会委托专业机构制定发展战略，对此，选择好咨询机构尤为重要，不能一味选择名气大的，而是要选择能力强，与自身生产经营相契合的机构。在研究报告出来后，经过内部充分探讨的同时，还可以寻求外部专业人士的建议，进一步完善战略规划，确保面面俱到。

④战略决策。对于企业生存与发展来说，战略决策有着里程碑式的意义。在决策的过程中，企业领导人要发挥民主精神，听取各部门的意见，尤其是一线工作人员的建议，按照少数服从多数的原则实施决策，以确保企业的可持续竞争力，实现长远发展。

（四）企业发展战略的一般特征

1.整体性

整体性是相对于局部性而言的，企业的战略谋划涉及的是整体性问题，它不是局部问题的简单叠加。

2.基本性

基本性是相对于具体性而言的，企业战略涉及的是发展的基本问题，而非具体问题。

3.长期性

长期性是相对于短期性而言的，企业战略涉及发展的长期性问题，而非短期问题。

4.计谋性

计谋性是相对于常规性而言，企业战略涉及发展的计谋性问题，要求打破常规思路，体现新奇性。

从内容结构看，企业战略体系分为公司战略、竞争战略、业务战略，这体现了战略内容的层次性，而不同层次的战略，其内容的侧重方向以及相应的战略类型也存在差异。

正如技术、营销、管理等需要创新，企业发展战略同样离不开创新，要求根据新的形势变化，制定新的谋略，在保持相对问题的同时做到与时俱进，不断朝着更高的目标进发。

创新企业发展战略，旨在适应组织的内外部环境形势，这也是战略制定的根本依据和基本方向。不管是内部环境还是外部环境发生重大变化，企业发展战略都须要相应地调整，必要时应重新谋划。在知识经济时代下，知识更新、科技创新速度呈现加快趋势，加上我国主动跻身国际贸易市场，这意味着企业要想具备国际竞争优势，发展战略创新必不可少。企业在生产经营过程中，不可避免地会遇到各种变化，内部条件发生重大变动并不奇怪。对此，决策层要有果敢的决心，突破陈规，打破现有战略格局，重新规划发展战略，不断提高战略水平，保持竞争优势。良好的发展战略是企业开展各项具体业务的关键，直接影响实际工作的开展效果和进度。不同的企业往往有着不同的发展战略，在战略水平上参差不齐。但是，要想追求更快更好的发展，进一步提高战略水平，对发展战略进行创新是重中之重。

企业领导人的观念往往决定着发展战略创新的成败。另外，不同的企业发展战略创新的实施路径不尽相同，有的要重新定位，有的要重新整合资源，有的要重新制定战略措施。如果企业领导墨守成规，会给发展战略创新造成阻碍。鉴于此，有关人员需要具备创新意识，能够与时俱进，不被旧有观念束缚，能够去、敢于去、愿意去创新。

企业发展战略创新取决于企业领导的动力、魄力与毅力。从这个角度来看，企业发展创新意味着企业工程的"再造"，这个过程伴随着诸多风险、困阻。要想坚定创新决心，采取有力措施对发展战略进行调整，企业领导要具备强烈的责任感、事业心，拥有大智慧和敢为人先的魄力。

（五）企业发展战略的现状分析

从目前各大企业发展现状来看，中小企业是一个在上有跨国企业、国内大型企业，下有不计其数个体工商业者挤压的夹缝中生存、发展的企业群体，它在国民经济中的独特地位决定了其发展不可能一帆风顺。随着国内经济体制转型的深入，中小企业的发展迎来黄金机遇期，但这类企业在生产经营过程中，普遍存在缺乏个性、创新能力不强等特点，导致发展的后劲不足。纵观我国中小企业发展的曲折历程，在大多数经营者看来，制约他们发展的主要原因在于外部环境。

（1）有关部门在政策、资金上倾向大型企业，地方政府为解决城乡就业问题，侧重发展投资少、见效快、就业广的个体工商业。

（2）技术标准、环保标准等因素的限制。

（3）市场疲软，消费需求不足，加上竞争异常激烈，一定程度上阻碍着企业的扩大再生产。

然而，经过深入的调查、研究发现，外部环境对企业生存发展的影响程度有限，决定企业发展的根源在于组织内部，竞争发展战略的趋同成为当下企业的突出问题。一方面，企业产品开发不够主动，缺乏自主创新意识，产品同质化现象严重，难以适应消费者多元化、个性化的需求；另一方面，营销策略呆板，没有很好地顺应企业营销信息化、网络化的趋势。

中小企业长期的发展战略趋同导致这一群体内部行业布局、产品结构不均衡，重合度高，大多数产品供过于求，而消费者真正需要的个性化、多样化产品少之又少，这也是中小企业陷入困境无法脱身的根源。

（六）企业发展战略的实施步骤

1.明确企业发展状况

要想明确企业的发展状况，企业要立足整体发展目标，围绕发挥基层工作人员积极性、协调各部门战略方案等方面，采取自上而下、自下而上或上下结合的办法，在把握企业发展现状以及充分利用现有条件的基础上，制定科学战略方案。

2.着眼未来，优化战略选择

市场和外部环境条件是动态变化着的，企业要想在激烈的市场角逐中胜出，要预测、了解市场的变化趋势，把握其本质特征。首先，精准定位市场需求，了解市场各行业的竞争变化，明确自身的发展优势和不足，了解与其他企业需要竞争的方面和范围；其次，开阔眼界，树立全球化视野，将发展目光放眼全球市场，置于整个经济发展战略大环境下；最后，着眼未来，在对未来趋势合理预测的基础上，制定发展战略。

3.评估战略备选方案

（1）考虑选择的战略是否发挥了企业优势，弥补了不足，是否把握住了机会，尽可能规避潜在风险。

（2）考虑选择的战略能否被利益相关主体接受。战略选择的标准并不固定，它往往取决于决策层与利益相关团体的价值观与期望。因此，战略方案的评估，根本指标在于战略收益、风险及可行性上。

4.战略决策

（1）围绕企业目标选择战略。企业目标是使命的实际反映，战略方案的选择，要求以实现企业目标为根本凭据。

（2）提交上级管理部门审批。中下层机构的战略方案提交上级管理部门审批，有助于方案与企业整体目标更加契合。审批后，应采取有效手段确保战略方案的落实，为企业发展注入新的活力。

第三节　企业人力资源开发与营销管理

一、企业人力资源开发

在社会大生产中，人是最活跃、最基本的因素，人的作用的发挥，直接影响着生产效率和经济活动成效。事实上，不管是科技的竞争，还是产品的角逐，本质上都是人才素质的竞争。现代企业在组织管理中，要确保组织的高效运转，应当以员工为本，重视人力资源的开发与利用。

（一）人力资源开发与管理概述

企业人力资源开发，要做到以下几点：第一，为吸纳优秀人才，提高企业竞争实力，要求为员工提供良好的事业发展前景、融洽的工作环境及优厚的物质待遇；第二，合理配置人力资源，立足专业、岗位、技能等需要，因岗设人，做到人尽其才，才尽其用；第三，促进人事、劳动、工资改革，构建科学的绩效考核机制，将员工收入与职责、贡献挂钩；第四，引入竞争机制，促进人力资源合理流动，调动员工工作积极性、创造性，让公司面貌焕然一新、蓬勃向上；第五，加强员工培训，在终身教育理念下开展培训计划，帮助员工不断更新知识、树立新的理念，提高员工综合素养。[①]

---

① 李静铮.新形势下企业经济管理的创新策略研究［J］.企业改革与管理，2017（3）：23-24.

1.人力资本与人力资源

人力资本，是一种不同于物质资本的资本形式，是劳动者身上的资本，包括健康保健、由厂商进行的在职培训、成人教育、正规教育、适应就业形势变化引起的移民等形式。资本与投资行为密不可分，经济行为人提供劳动的基础在于拥有一副健康的体魄，这是人力资本开发的前提。比如饮食、医疗中的费用相当于健康投资，而正规教育、成人教育、在职培训则影响行为人的未来货币、物质收入。劳动者为谋求工作或更好的职位产生的有关费用也属于一项投资，是人力资本的重要形式之一。

人力资源，指促进生产力发展、创造社会财富的具有智力劳动与体力劳动能力的人的总称。一家企业的人力资源，涵盖企业内部的全体员工。人力资源一般有以下类型。

（1）企业家。企业家是出色的企业领导人，具备远见卓识，富有胆识、魄力，具备国际化视野和长远目光。

（2）经营管理人员。经营管理人员主要是中层及以下的管理人员。

（3）专门人才。专门人才指具备专门技术知识的人才，如工程师、会计师。

（4）普通工人。普通工人指生产工人。

2.人力资源管理与人事管理

早期的人事管理，局限于人员的招聘、录用、调配、工资管理、档案保管等琐细事项，经过一段时间的发展，延伸到了编写工作分析、设计薪酬制度、拟定绩效考核制度、规划员工培训活动等方面。人力资源管理，指对现代企业从事的人力资源规划、招聘、培养、使用、组织等管理工作的总称，涉及选人、育人、用人、留任等各个方面。与传统的人事管理相比，现代人力资源管理呈现出以下新的特点。

（1）以人为本。现代企业将人作为组织内最具活力、富有创造性、能动性的因素，注重职工的可持续发展，这是关乎企业生存与发展的决定性、第一位的宝贵资源。

（2）注重人力资源开发的同时，重视人力资源的使用与管理，二者是手段与目的的关系。人力资源的开发，旨在更高效地利用人力资源，帮助企业创造更大的价值。

（3）人力资源管理上升到组织战略高度。组织战略，指企业为实现长远性发展，综合考虑各种情形采取的主要行动路线和方法。其中，人力资源战略决策为其他战略决策提供支撑。

（4）人力资源管理部门是生产与效益部门。纵观影响组织发展的各生产要素，人力资源要素是最积极、主动，富有创造性的。在企业经营活动中，人能够利用、改造其他生产要素，进而创造出社会财富，其中人力资源的使用状况决定着财富的形式与数量。由此可见，人力资源管理本质上是生产与效益的管理，如今，人力资源管理成为各高校一门重要的管理课程。

（二）人力资源开发

人力资源开发，指发现、发展、利用人的创造力，以提高企业劳动生产率与经济效益的活动。从狭义的角度看，人的能力分为基本能力和应用能力，前者包括知识、技能和体力等；后者指将知识、技能与体力应用于实践活动的能力，包括解决实际问题的能力、领导能力、创造能力、协调交涉能力等。从广义的角度看，人的能力包括基本能力、应用能力以及人的工作绩效。在同等条件下，优秀的人才往往能更妥善地解决问题，取得更显著的成绩。

人才分为通才、专才，前者指各方面发展全面的人，后者是在某方面有特长的人。一家成功的企业，离不开各种人才的支持，企业领导人要做的就是发现、培养和使用人才，以此提高企业的核心竞争力。

1.人才选聘

企业在选聘人才时，要结合实际情况和岗位需要，合理选择的选聘形式；坚持计划性、公正、科学的选聘原则，一般程序为制定选聘计划—发布选聘信息—进行选聘测试—选聘决策等。

2.人员培训

员工培训，指为改善员工工作态度，提高其业务水平，增强其工作业绩，针对员工进行的知识教育、技能培训。

（1）员工培训的意义：①帮助员工掌握必要的知识技能，形成必要的工作态度。②帮助员工适应企业内外环境变化。③满足员工自我实现与发展的需要，使其获得成功体验。④增强员工的业务能力，提高劳动生产率与工作效率，实现企业的战略目标。

（2）员工培训形式：职前培训、在职培训、脱产培训。

3.人员激励

激励能够放大行为，人的行为往往出于一定的目的，而这源于某种需求。当个体主观上相信能完成任务时，往往会迸发强大的力量，做出出色的成绩，此时便会期望得到恰当的奖励，像奖金、升职等。

（三）企业人力资源规划

人力资源规划，指企业围绕自身发展战略、目标，立足内外环境变化，对企业在未来的人力资源供给与需求状况进行科学预测、分析，对人力资源的获取、配置、使用、保护等各个环节进行职能性策划；在此基础上制定人力资源供需平衡计划，保证企业在一定时期内的岗位具备恰当的人员数量与质量，以实现员工与企业的双赢。

（四）人员业绩考评

员工业绩考评，指企业根据一定标准，采取科学的手段就员工品德、学识、业务、思想、工作能力、态度及成果等，作出的评估。作为人力资源管理的重要一环，绩效考核直接关系到员工的个人利益，为组织选拔人才，以及进行奖惩、升降、调配、培训等提供参考。针对员工业绩开展评定工作，能够挖掘员工潜能，发挥员工工作能动性；能够对员工起到激励作用，使其迸发开拓进取、矢志创新的意识；能够及时发现工作中存在的问题，提高管理的针对性、实效性。从宏观角度看，绩效考核包括以下内容。

（1）德。一个人的政治素养、品德、工作作风、职业操守等。

（2）能。个人的工作能力，表现为分析、解决问题的能力，独立工作的能力。

（3）勤。个人勤奋精神、工作态度。

（4）绩。个人工作成绩。

（5）体。个人身体状况。

综上，人力资源管理下的绩效考核主要从员工的工作成绩、能力、态度三方面入手，在评价过程中，需要结合员工的岗位与性质，合理确定评价指标，确保考核的公平公正。

二、企业营销管理

经济体制的转型以及深入发展，为各行各业的发展提供了广泛的机遇，与此同时，企业的生产经营活动也面临一系列的挑战，加上近年来经济下行压力、国际国内市场低迷的背景，企业开展营销管理的难度进一步加大。在这样的市场环境下，就企业营销管理展开研究，围绕当前经济现状、企业营销管理内涵与意义，制定科学实践策略，在提高企业营销管理水平，占领市场竞争制高点，实现可持续发展方面有深远影响。

（一）企业营销管理面临的经济状况

在新的历史阶段，面对日益激烈的市场竞争，企业要想获得更好的生存与发展，创造更大的经济效益，制定科学、有效的营销管理策略是关键。在全球经济一体化不断推进的背景下，随着各国之间的贸易联系愈发密切，我国市场环境也发生了巨大变化，不少企业在这一变化中面临损失、陷入困境，最终被淘汰，究其原因，在于经营不善，营销管理策略不够合理。而那些能审时度势，抓住机遇，及时调整营销策略的企业，则获得了进一步的发展，不仅为自己创造了大量财富，还产生了良好的社会效益。

在信息化时代，由企业人力、物力、财力及应用技术构成的工作体系处于动态变化过程中，这对企业而言，是更上一层楼的契机；然而也可能因措施不当而陷入发展困境，甚至濒临破产、淘汰。新的历史环境，犹如一把双刃剑，对于那些能够主动顺应形势、积极调整营销策略的企业而言，将是一个巨大的利润市场；而对于那些墨守成规、一成不变的企业而言，则是无形的打击。因此，企业想要在全新的市场条件下获取竞争优势，需要努力提高生产经营水平，制定科学的营销管理策略，在实践中去总结、去调整。由于各地区经济发展水平等条件不同，使得人们对企业营销管理理论认识的深度和广度也有所差异。为缩小地域发展差距，满足消费者个性化需要，企业应当对营销管理进行优化。

（二）企业营销管理的核心内涵

在社会化大生产背景下，科学的企业营销管理得以节约生产，以尽可能少的投资获得尽可能多的产出，实现利润最大化，创设一个安全、高效的发展环境。在现代社会的生产过程中，大规模劳动生产要求做好整体劳动的调和与监督，以保证劳动满足总体生产需要，使得整体劳动工作得以在既定的目标轨道上运行。因此，在知识更新速度加快、科技产品日新月异以及市场环境复杂、多变的情况下，企业的营销管理策略显得尤为关键，关乎企业的生存与发展，决定了企业能否在接下来的市场角逐中获得主动权。随着全球经济一体化进程的加快，企业面临的市场环境愈发复杂，影响其发展的要素更多元，基于此，企业应当主动探索优良的管理机制，实施科学的企业管控，制定切实可行的管理措施，为获得更好的发展提供支撑。

因此，企业制定科学合理的管控策略，是实施生产经营管理，实现预期效益，提高管理水平的重要前提，有助于保证企业各类资产资源的整体性、稳定性与可靠性。生产经营管理的直接目的在于利润的最大化，实现少投入、多产出，但企业在朝着这一目标进发的过程中，不可避免地会遇到各种因素的阻碍，影响着目标的实现。所以，企业应进行全面、有效的营销管控，采取手段，尽可能减少不利因素的影响，发挥有利因素的促进作用。

（三）企业营销管理的科学策略

纵观企业建设发展历程，经营管理是贯穿其发展全过程的永恒主题。企业实现自主创新、增强竞争力的途径在于科学管理和合理经营。基于此，企业不应一味追求经营规模的扩大和生产速率的提升，而应围绕组织核心素养的增强和整体竞争力的提升。具体来说，就是在营销管理实施阶段，针对管理存在的薄弱环节，引入科学管理策略，走自主创新道路，与时俱进、推陈出新，努力提升管理与服务水平。

1.与时俱进，强化企业管理

知识经济时代，企业要与时俱进，确立以人为本的管理理念，做好协调管控工作，在科学发展观的指导下，打造一支高质量的营销团队，以提高资源的利用效率，做到节约资源、保护生态。企业要树立勇于创新的工作理念，追求卓越，朝着发展目标不断前进。在生产经营实践中，在学习发展中创新，在新型理念指导下开展管理工作。遵循文明、合理的工作原则，采取适当的激励与竞争机制来调动员工工作的主动性、积极性与创造性，营造融洽的竞争与合作、创新创造氛围，增强组织凝聚力，发挥合力效应，促进营销管理的科学化、规范化发展。在生产规模扩张过程中，企业要做好人才选拔与经营决策工作。

完善公司法人治理结构体系，明确出资方、经理人员、劳动者之间的权责关系，健全企业经营人及所有方面的委托代理权责及权力制衡制度，让三方主体的关系更协调、顺畅。创建横向交流、纵向管理的指挥体系，以便更好地处理企业各层面组织的关系；创建科学的公司治理组织系统，把握企业集团总部管理集权与公司内部各部门的分权管理关系，实现大权独揽、小权分散，分权与集权的集成化；进一步完善企业管理营销制度、工作模式，为组织高效运转、可持续发展奠定坚实的基础。

2.夯实基础，扩充管理领域

基础性管理工作的夯实，是实现企业管理科学化、规范化的核心。因此，组织内部需要优化工作作风，加强机构管理及领导作风建设，发挥企业领导示范效应，优化工作流程，构建科学先进、具备实用价值的营销管理机制，推动管理工作的精准化、细化。

企业要努力拓宽经营管理领域，深化工作内涵。市场环境的瞬息万变，各种生产要素的发展变化，都要求企业在工作范畴、实践领域方面有所协调，突出侧重点。所以，需要将单个企业发展模式转变为整条价值链模式，延长生产价值链，提高产品附加值，以便更好地应对激烈的市场竞争。从范畴上看，现代企业营销管理不仅涉及企业自身的人力、物力、财力、信息资源，还朝着供应方、客户方面延伸，企业间的竞争由以往的物质、人员、财力竞争转变为知识技术、信息资源、无形资产的竞争。为此，企业要加强品牌建设，依托现代信息技术手段，进一步优化营销管理水平，从知识、品牌两方面入手，实现以人为中心的经营管理。同时，加强绿色管理，承担起必要的社会职责，进行诚信营销，营造一个健康、文明、和谐的市场环境，实现自身发展与社会发展的双赢。

3.注重非物质资源的开发与利用

进入新的历史时期，各种物质资源相对紧缺，在这样的背景下，应用、开发非物质资源成为企业实现新的发展的重要路径。在买方市场环境下，相比于产品自身的价格及数量，消费者更关注产品的一些社会属性，那些能够让客户获得精神愉悦和享受的产品备受青睐，这也是企业获取竞争优势的一个重要方向。对此，企业需要加快品牌打造，注重自身形象建设，做好声誉的维护与管理工作。这是因为，企业的声誉与形象作为一种无形资产，往往能够给企业带来巨大的潜在收益。

现如今，世界各国都强调企业的社会责任与时代使命，因此，企业需要强化自身的社会职责意识，以一个积极的姿态投入到劳动用工、组织管理、薪酬支付、职业安全等管理制度的改革当中，主动顺应市场发展形势，保障每一位员工的合法权益。为调动员工工作积极性、创造性，提高企业管理水平，有必要构建一个科学、有效的绩效考核机制，围绕员工工作岗位的特点、技能标准、任务量、职能范畴、与其他岗位的关联程度及成果等级等因素，综合地对员工绩效进行评估，并作为薪酬、职称晋升等的重要依据。

岗位测评结果需要进行适当调整，确保测评结论与岗位登记表的对接。在这一过程中，可以从管理层和生产层两个方面入手。前者负责岗位工资管理，具体操作交由人力资源机构负责；后者负责计件工资管理，确保将计件工资分配到各生产部门，并根据岗位考核结果，进行有效的薪酬分配，确保分配的科学性、公正性与合理性。

4.引入网络营销策略，创新管理

现如今，消费者在市场营销发展阶段处于主体地位，供应商要做的就是为客户提供能够满足其个性化、多样化需求的特色产品。为此，企业需要以市场为导向，在把握消费主流趋势的基础上，引入网络营销策略，创新管理模式，为消费者提供优质的个性产品，给消费者带来良好的服务体验。同时，完善科学的价格营销策略，依托大数据、云计算等先进技术，了解各类消费者对产品价格的敏感性，让消费者获得物美价廉的消费体验；进一步拓宽营销渠道，利用网络系统与消费者建立直接联系，根据消费者的消费习惯、消费记录等信息为其提供"对口"产品；提供直接、快速的咨询服务，就客户对产品的疑问进行细致解答，减少消费者的后顾之忧。考虑到大多数消费者习惯于对满意的供应商进行多次采购，对此，企业需要采取有效手段，结合客户现实需要，为其提供个性化服务，争取更多客户的信赖和支持，打造良好品牌，进一步挖掘潜在的客户，从而获得更多的市场份额，实现增收目标。

（四）企业营销管理路径

现代企业为在激烈的市场角逐中胜出，获取更多的经济效益和发展主动权，必须重视营销管理工作，明确其内涵与意义，能够结合市场环境形势、经济发展状况，推出行之有效的营销策略；与时俱进，努力提高管理水平，开拓管理领域与渠道，充分开发与利用非物质资源，同时承担起必要的社会责任，以实现自身与社会的共同发展。[①]

1.市场消费需求与营销管理

市场，即商品交换的场所。从经济学角度看，市场是交换关系的总和；从市场营销角度看，卖主构成行业、买主构成市场，市场是社会需求的总和。

市场消费需求，指消费者具有市场购买力能力的需求与欲望。市场的规模包括有某种需求的人、满足该需求的购买能力、购买欲望，用公式表示为：市场=人口×购买力×购买欲望。

在市场中，人口、购买力、购买欲望三个要素缺一不可，它们一同决定了市场的容量与规模。

市场营销，指企业以消费者需求为导向，为扩大市场份额，实现发展目标开展的一系列经验活动，包括市场调研分析、目标市场选择、产品与市场开发、产品定价、渠道选择、产品促销、产品储运、产品销售、售后服务等与市场相关的业务活动。

2.市场营销指导思想

市场营销指导思想，包括全局观念、竞争观念、资本运作观念、开发与创新观念、满足市场消费需求观念等，为企业领导与管理者从事市场经营活动，解决一系列经营问题提供指导。

3.市场细分与目标市场选择

市场细分，指企业结合消费者购买行为与习惯等，了解消费者需求，确定目标市场，展开营销活动的方法。通过市场细分，企业能够开拓更广阔的市场，提高应对市场风险的能力和抗挫能力，在为企业创造更大的经济效益的同时，增加了就业，促进社会稳定。

企业通过市场细分发现市场机会后，接下来的工作关键在于确定目标市场，要求符合以下条件。

（1）市场拥有可观的现实和潜在购买力。

（2）企业进入市场后具备竞争优势。

（3）企业具有进入市场的可行性。

在选择目标市场策略（市场定位、无差异市场、集中性市场、差异市

---

① 苏艳.浅析相关事业单位如何发挥经济管理职能［J］.新西部，2018（26）：63；48.

场）时，企业应当以市场为导向，并结合自身实际条件。其中，市场定位，即确定企业产品在市场的位置；差异市场，指为满足不同市场需求制造不同产品，进行差异化营销；无差异市场，将市场作为一个整体，以单一产品满足不同细分市场需要；集中性市场，在整个市场下选一特定子市场，发挥本企业的比较优势，开展专业化生产。

第四节　企业文化与企业形象

企业文化，作为一定社会经济文化的产物，是企业在长期生产经营过程中形成、发育起来的，有鲜明的企业特色的精神、哲学、价值观以及基于这些产生的企业行为规范、传统习惯与作风、道德准则、经营意识等内容的总和。包括了物质、行为、制度、精神等各个方面，从内容上看，涉及企业道德、精神、价值观、哲学、管理思想、目标、制度、形象、作风、文化活动、团体意识等。究其本质，企业文化是以人为中心，以文化引导为根本手段，旨在调动员工工作积极性与创造性的文化现象与管理理念。因此，在现代企业管理中，要求注重企业文化与形象建设，提高企业管理水平。

从建设意义看，企业文化有助于规范企业行为、改善经营作风；塑造良好的企业形象；增强企业员工的凝聚力，培养团队精神；提高企业管理和服务水平。从功能上看，企业文化能够引导职工的价值取向；营造团结、融洽的工作氛围；调动员工的工作热情，规范职员行为，辐射外部环境。

企业形象，指企业价值观念、道德观念、企业精神及其行为特征等在职员与公众心中的全面反映。它是一个综合性概念，涉及多方面的内容，如员工形象、产品形象、工作形象、环境形象等。可以说，企业形象是企业一笔珍贵的无形资产，直接关系到企业的未来生存与发展前景。打造良好的企业形象，一方面，能获得更多消费者的信赖与支持，扩大企业产品销量，这是一笔可观的经济增益；另一方面，能为企业的可持续发展提供形象保障，密切企业与其他企业的交流与合作，走向国际化市场。树立良好的企业形象，并非一朝一夕就能完成的，要求企业的长期坚持和职工的共同努力，尤其是要做好以下几点。

（1）改善服务环境，为消费者带来更愉悦的消费体验。

（2）引入先进的技术手段，提高产品质量。

（3）采取多元传播手段，宣传企业正面形象。

（4）维护、调整企业形象。

（5）从外部、内部、表层、深层等形象入手，全方位提高企业形象。^①

一、企业形象概念与分类

在人类的生产生活实践中，人与人之间不可避免地会进行交流、沟通。而在这些交往活动下，个体的活动往往受到诸多因素的制约，如此一来，各种类型的社会组织应运而生。企业作为追求经济利益最大化的基本经济单位，面对竞争激烈的市场环境，其生存与发展不仅与自身实力、工作环境等硬件条件有关，还与企业文化、管理方式等软条件相关。企业文化作为一种以人为中心，强调关心、尊重、理解、支持人为特征的文化现象。企业形象作为企业文化的重要组成部分，是一种管理职能，旨在通过建立、维护组织与公众之间的互利互惠关系，来助力企业的可持续发展。

（一）企业形象概念

企业形象，指人们通过企业的各种标志形成的对企业的总体看法，集中反映了企业的精神文化内涵。作为一种外在表现形式，企业形象是社会公众与企业在接触交往过程中，经过感知器官获得的有关企业的整体印象。良好的企业形象要求全面、真实地反映企业的精神内涵，并为社会公众所接受，而这些都离不开企业的自身努力。企业形象，并非组织内部各要素的简单叠加，而是这些要素在相互交织、相互作用下形成的有机整体。

（二）企业形象分类

1.有形企业形象

有形形象，指公众通过感觉器官直接感受到的组织对象，如建筑物形象、员工精神面貌、产品形象（产品质量、包装、商标、价格、性能等）、实体形象（市场、社会、行业等形象），是企业的经营作风、经营成果、经济效益、社会贡献等综合反映出来的。

---

① 张鑫.新形势下企业经济管理的创新策略分析［J］.经济师，2018（10）：269；271.

2.无形企业形象

无形形象，指公众通过抽象思维和逻辑思维对企业形成的观念印象。它们看不见、摸不着，但能够反映企业形象的深层内涵及本质，是企业形象最高层次的表现，一般包括企业经营的方针、理念、哲学、精神，企业的价值观、风格、文化、信誉，等等。与有形形象相比，无形形象意义更丰富。

二、企业文化

现代社会高度重视企业形象问题，导致这一现象的根本原因在于竞争。在社会化大生产背景下，市场竞争愈发激烈，稍有不慎就面临淘汰，企业为了获得更大的竞争优势，占据市场主动权，与容易被模仿和超越的有形形象相比，更关注无形形象的打造。作为企业的"黏合剂"，企业文化以共同价值取向为手段，规范企业行为，进行文化管理与控制，这样做的好处是能够节约大量管理费用，降低生产成本；强化追求卓越意识，提高企业管理水平。

作为企业在长期生产经营中形成的文化传统，企业文化是职工共同的价值观、行为准则、思想信念、道德规范的总和，具有相对稳定性，反映了企业的经营理念和精神内涵。在这样一个"文化制度"时代下，对于企业而言，文化建设至关重要，它是企业生命力、创造力和凝聚力的结晶，关乎企业的未来命运。在现代市场角逐中，拥有先进文化的企业意味着具备良好的竞争优势，能够走出发展困境；而那些故步自封、文化落后的企业，等待它们的结果只能是淘汰。因此，企业需要努力打造、引入先进文化，在新型工业化道路上实现可持续发展，这是新时代对现代企业的期待。一般来说，企业文化包括企业物质文化与行为文化。

企业物质文化，指企业员工创造的产品及各物质设施组成的器物文化，这是企业文化物化的结果，如企业环境与设施、企业标志与容貌、企业产品与服务等，属于企业文化的表层。

企业行为文化，指从最高领导到基层员工的言谈举止中反映的企业文化内涵与特点，像企业典礼仪式、企业英雄、文化活动及企业家行为等，这些是企业文化的重要组成部分。

三、企业文化与企业形象的关系

企业不论规模，都是由若干个体组成的社会群体，在组织中，成员共同劳动、学习与生活，在长时间的交流、互动过程中，他们的理想信念、精神风貌等表现出一定的共性，并形成具有一定特质的文化氛围，产生富有特色的文化群。企业在日常生产经营的过程中，在产品的无限流动下，在员工的一言一行中，都在影响、塑造着企业的文化形象。作为企业内在素养与外在表现的综合反映，企业形象在一定条件下能够转化为现实的生产力，为企业创造大量物质财富。

总之，企业形象作为企业文化的重要内容之一，是企业文化的集中展示，是企业文化在市场上的认知与评价，它以企业文化为内核，时刻受到企业文化的指导。所以，企业要高度关注文化建设，理性策划自身形象。

（一）企业文化为塑造企业形象提供支撑

企业要想在激烈的市场竞争中立于不败之地，关键在于树立正面的企业形象，这需要以企业文化为依托。首先，企业文化有助于培养德才兼备的职员，这类职员又进一步丰富了企业形象，为企业实施形象战略提供人才基础。其次，企业文化造就组织内职员的共同价值取向，这对形象战略的实施有着重要的作用。最后，企业文化是企业在长期的生产经营实践中形成和开展的高层次精神活动，为打造良好的企业形象提供指导。

（二）企业文化为企业形象战略提供氛围

良好的氛围是实施企业形象战略的重要一环，该氛围的创造者便是企业文化，它有着导向、激励、调适、凝聚等多元功能。文化形式丰富多样，有助于营造一个融洽、互帮互助、拼搏进取的文化氛围，确保形象战略的落实。具体表现在以下方面。

（1）在企业文化建设中，以共同价值观引领职员的价值取向与行为取向，将企业目标与个人目标紧紧联系在一起。

（2）企业文化为企业与职工协调发展提供良好的文化环境，让员工在和谐、融洽、友善的氛围下工作。

（3）企业文化强调寓教于乐，通过多元文化形式，引领职工自愿的思考和行为方式。

（三）企业形象战略实施促进企业文化建设

企业文化建设与企业形象战略实施是相互联系、相互作用的关系。企业形象的塑造，表现出一定的独立性和专业性，是对企业文化内涵的集中反映——是对企业文化的深层次探讨，也是企业文化的外在表现。企业形象战略，作为企业文化建设的基本路径，在实施的过程中有助于进一步完善企业文化体系，加快良好企业文化的建设。

四、建构企业文化形象的具体要求

在社会主义市场经济体制改革深化的背景下，企业之间的竞争愈发激烈，不仅表现为人才的竞争，还体现在形象竞争方面。鉴于此，创新企业文化，建构企业新形象是企业应对现代化市场环境的必由之路。下面从企业家、员工两个角度对构建企业文化形象进行探讨。

（一）对企业家的要求

文化形象集中反映为企业精神，这是企业经营理念、宗旨的表达，往往能够迸发出深远而持久的信念力量。因此，企业在生产经营过程中，要主动顺应时代发展需要，培育富有个性的企业精神，这对企业家有着较高的要求。鉴于此，企业家要具备高度的责任感和事业心，深入研讨企业发展战略，制订科学有效的谋略方针。企业文化建设、企业形象塑造是一个长期的系统工程，这需要企业家转变经营理念，与时俱进，在日常经营中注入文化力、形象力，高度重视企业形象战略的实施，具体措施如下。

（1）改善企业内部管理，激发员工凝聚力，形成共有的价值取向。

（2）树立积极进取的，富有特色的经营理念。

（3）采取各种宣传、培训手段，塑造良好的产品形象与员工形象。

（4）创造利好的外部条件，树立良好的公共关系形象。

（5）以企业宗旨为指导，围绕市场需要采取相应的战略手段，提升企业形象，以加快企业目标的实现。

（二）对企业员工的要求

1.具备创新创业、守业与拼搏进取的精神

作为企业的一员，员工应当有"为企业争光"的责任心与自豪感，具备高度的事业心、进取心，积极参与到技术创新、策略创新当中，为企业的发展贡献一份力量。

2.团结奋斗的精神

在新时代背景下，"单打独斗"显然无法适应社会生产快速发展的需要，合作共赢才是关键。作为企业人，同时又是社会人，员工应当将自身发展与企业命运结合起来，主动与其他同事协作、配合，攻克一个又一个难关，实现企业发展与个人发展的双赢。

3.具备奉献精神

为了企业更好地生存和发展，员工应当具备一定的自我牺牲意识。企业精神本质上是人的精神，包括了高尚的精神风貌和追求自我价值过程中的牺牲精神。员工要积极配合企业生产经营，正确处理个人利益与集体利益的关系，形成一股强大的凝聚力，企业上下众志成城、齐心协力，只有这样，才能最大限度地发挥整体功能，创造更大的经济和社会价值。

五、打造具有中国特色的企业文化

（一）凝练企业核心价值观

企业要想在激烈的市场角逐中不被淘汰，走在发展前列，必须有一套完整的核心价值体系作为决策和行动的指导理念。要生存得长久、走得更远，企业应当对不符合企业核心价值观的理念和行为进行调整，确保企业的发展方向顺应时代趋势。在文化定位过程中，企业不能照搬其他公司的经验，而应当坚守、把握好自己的发展宗旨和理念，能够简洁、明了地表达出本公司的核心价值理念。

（二）发挥企业家在文化建设的核心作用

在企业文化建设的过程中，企业家处于核心地位，他们的能力与品质对企业的生存与发展而言至关重要。一方面，企业家的思想、行为影响着企业文化的塑造，企业家的价值取向和职业素养往往决定着企业文化的方向；另一方面，在确立企业文化时，离不开企业家自上而下的改革推动，凭借自己的努力对企业价值观进行整合、完善。

（三）与中华优秀传统文化相契合

中华文化博大精深、源远流长，这为企业的发展提供了深厚的文化底蕴。我国以儒家思想为主导的传统文化对人们的日常行为起到规范、引领的作用，强调"诚为本、和为贵、信为先"，体现出高度的开放性、包容性，也说明了兼收并蓄的中华优秀传统文化能够与时俱进，顺应时代发展潮流，这对全球经济一体化和市场经济下的现代社会有着重要的指导意义，为企业打造先进文化、树立良好的文化形象提供了肥沃土壤。

综上所述，要想培育先进的企业文化，企业必须大力弘扬中华优秀的传统文化，汲取传统文化的营养和精华，作为文化建设的根基；同时，秉持海纳百川的胸怀，借鉴外来的先进理念，在立足本国国情和自身发展实际的基础上，探索出具有中国特色的先进文化模式。

第二章　现代企业管理的创新发展

经过40多年的改革开放，民族企业获得了极大的发展，管理创新空间大大拓宽。在新的历史阶段下，企业想要在激烈的市场竞争中立于不败之地，需要摒弃传统的经济思维方法和理念，以市场为导向，与时俱进，更新管理理念，立足于制度、技术创新的同时，注重管理创新。

第一节　企业管理创新概述

一、企业管理创新原则与任务

（一）企业管理创新原则

（1）立足国情。在改革开放持续推进的背景下，以和谐稳定、可持续发展为目标，创新管理举措，切实提高自身管理水平。企业在追求经济效益的过程中，应当承担起相应的社会责任。

（2）遵循市场经济运行规律。在把握市场需求的基础上对企业管理结构等内容进行优化，依照相关法律法规进行管理创新。以市场为导向，将管理行为贯穿研发、生产、销售、售后等各个环节。

（3）与企业实际条件相符。基于行业、产品的差异性，以及企业所有制性质的区别，企业面临的问题和情况有其自身特点，因此，在管理创新中，企业要根据自身情况和发展需要对管理模式进行改革。

（4）企业的直接目的在于追求经济效益最大化。因此，管理创新应当体现成本效益原则。

（二）管理创新任务

1.将粗放式经济增长方式转变为集约型经营

在过去很长一段时间内，我国工业的发展模式呈现粗放式的特点，如行业集中度低、能源原材料消耗高、生产设备利用率不高、地区趋同化明显、技术装备低等，导致这一情况的原因十分复杂，主要有长期的高度集中的计划经济体制，投资主体权责不明，企业承担过多债务等。现如今，随着市场经济的深入，粗放式经营显然与现代企业的快速发展需要不适应。鉴于此，除了政府需要进行宏观调控，采取经济、行政手段对产业结构进行优化，还需要企业自身的努力，主动进行管理创新，革新技术手段，转变生产经营模式。

2.避免企业管理的滑坡

从企业管理创新现状来看，在转换经营机制、深化内部改革方面，大部分企业有所提高；在基础管理、专业管理、现场管理方面，少部分企业有所提高，近一半企业存在滑坡；在经营战略、产品结构方面，超过一半的企业有所增长。由此可见，企业在专业管理、基础管理和现场管理方面，滑坡严重，究其原因，一是企业管理者对管理的忽视；二是随着企业面临新的形式和变化，传统的管理手段显然不适应。为了走出滑坡困境，激发发展活力，企业必须结合市场需求和自身条件，开展管理创新。

二、企业管理创新程序

管理创新是一个系统的过程，不能一蹴而就，对创新主体要求较高，如良好的专业知识、丰富的管理经验等。作为一种动态变化程序，它涉及多种因素，在形成、发展中往往要经历以下阶段。

1.迸发创新愿望

当企业管理者面对生产经营不景气的状况，同时受到外部条件的刺激时，便会形成危机感，倒逼管理者激励员工进行创新，营造浓厚的创新氛围，这样一来，创新愿望便出现了，它涵盖以下内容。

（1）自我发动。自我发动指当企业陷入生存或发展困境时，或在其他创新的刺激下，产生创新欲。

（2）环境诱导。环境诱导指外部条件的变化，如行业生产率提高、竞争更甚以往，倒逼企业创新。这一时期，由于各管理人员的创新视角大相径庭，为了让创新理念得以落地，应注意采取有效手段努力获得上层管理者的支持，这样一来，创新阻力将大大减少。通过建立一条畅通无阻的信息反馈渠道，保证员工的创新理念为管理者知晓、理解。

2.创新定位

有了创新愿望后，接下来就是做深入分析，从创新目标、程度、领域等维度，结合各种利好条件，在遵循创新基本原则的基础上，分析创新理念的必要性、可行性。

3.形成创新方案

创新方案的制订，要求组织成员采取多元手段、方法，提出有益于解决现实问题的创新构思，围绕创新原则、目标和条件，对多种思路进行比较、评价，筛选出最优的创新方案，确保方案的可操作性和科学性。这个过程的工作量较大，对成员来说是一个较大的考验。

4.创新方案实施

创新方案形成后，接下来就是实施，也意味着创新理念的落地和实践，要求在创新目标指导下落实。这一阶段，注意创新条件的更新和重要信息的反馈，根据现实情况对方案进行改进，提高创新的有效性。

5.评价、总结创新

创新的评价和总结是行动的最后一个环节，创新方案在实施一段时间后趋于稳定，形成新的范式，其效果也逐渐呈现。此时需要对实际结果和预期进行总结、评价，比较与外界的差距，以激发新的创新冲动，促进创新的深化。

第二节　企业管理创新方法

一、系统训练思维方式

理念是行动的先导，人们往往也会基于一定的理念认知展开思维活动，为决策和行动提供指导，这一过程叫作"思维的心智模式"，它对企业的创新管理来说，是一个不小的阻力。心智模式，是扎根于人们内心，影响他们认识世界、改造世界的一系列假设、看法或图像，它的形成与个人的生长经历、环境、受教育程度等有着紧密的联系，有相当的稳定性。当人们具备某种心智模式后，会自觉或不自觉地以一种思维定式来认识、分析问题，采取习惯性的手段解决问题。管理创新，需要敢于突破当下心智模式的束缚，进行系统、开放、发散和逆向思维的训练，对现有管理知识进行更新，采取有效的手段开展创新活动，为企业发展注入活力。

二、有效利用管理方面的知识

根据不同的存在方式和内容，知识包括描述性知识、分析性知识、运用性知识，分别解决的是"What"（是什么）、"Why"（为什么）、"How"（怎么样）的问题。在科技日新月异，知识更新速度越来越快的时代背景下，"智能"得到了空前的关注，它通过综合运用各种信息和理论，创造新事物，形成新的生产力，主导作用愈发突出。管理，即知识的运用，随着对管理科学研究的深入，人们认识到了它的客观存在性和实践应用性，它好比一门艺术科学，想要达到"艺术"的境界，需要经过大量的实践活动，将所学知识运用到实际问题的解决当中。

三、以研发和市场营销作为突破口

知识经济时代下，以单一生产为特征的经营模式显然无法适应现代企业迅速发展的需要，为了获得更好的发展，企业需要承担更多的社会责任。要想在激烈的市场竞争中获得主动权，企业必须投入更多的科学技术、职业教育等经费，采取更灵活、多元的评估考核机制，不仅能给消费者带来更好的体验，还能让企业职员获得归属感、满足感。建立在知识基础上的市场活动，让企业的生产经营愈发复杂。面对消费者多元化、个性化的消费需求，企业必须做出改变——进行管理创新。

在不同的历史发展阶段，企业在处理生产与经营、研究与开发的关系上有着显著差别。在工业经济时代，企业以生产为重心；而进入到信息化时代，随着全球经济一体化进程的加速以及制造业发展的标准化、智能化，"智能机器"正逐渐取代"人力劳动"，进入到生产环节，一种柔性的、扁平化的组织结构应运而生，工作时间、场所更加灵活，薪酬制度迎来改革。这一时期，企业在生产制造方面并不存在较大差异，而研究开发和市场营销备受关注，这两方面是企业获取竞争优势的关键，恰恰是高智能的体验、运用与实践。总之，在强调智能的经济发展时期，消费资料构成的变化，对社会消费方式有着重要的影响。

四、注重人力资源开发

知识经济时代赋予了资源开发新的特征，其内涵和外延得到拓宽。现如今，教育、信息、知识作为新的生产要素，在社会经济发展中扮演着愈发重要的角色，它们的开发水平和利用程度决定了经济的发展上限和质量。从我国现实发展状况来看，在工业经济尚未成熟的同时，知识经济下的各种挑战接踵而至，这给资源的利用、开发带来了巨大压力，不仅要挖掘"技术""市场""管理"三种资源，还要兼顾"教育""信息""知识"等资源的利用。

社会生产生活的实践表明，人力资源开发对企业生存与发展至关重要，是创新管理的基础性工作。在全球化的大趋势下，国际竞争表现为综合国力的竞争，包括经济、科技等硬实力与文化等软实力，而这些归根结底都是人才的竞争。毫不夸张地说，谁掌握了先进的思想和技术人力资源，谁就能在国际角逐中占据主动权，赢得竞争优势，推动国民经济的可持续发展。由此可见，人力资源作为经济生产的第一资源，已然成为企业管理的重要职责。

五、将企业家培养成创新管理者

从本质上看，知识经济以高技术、高文化、高智力为特征，是以智力资源为依托的可持续发展经济。从企业家的角度看，为了发展、壮大自身的企业，关键在于挖掘、培养、使用各种优秀人才，做到尊重人才、爱惜人才，采取各种手段吸引和留住人才，这就要求其具备以下品质。

（1）创造性思维。企业家要拥有敏锐的嗅觉和市场洞察力，能够前瞻性地安排各项管理工作，提高企业运转的科学性。

（2）风险意识。企业家要富有远见、面对失败不气馁，有创新魄力和胆识，能够持之以恒地做好一件事。

（3）掌握创新技巧。企业家要具备扎实的管理知识，科学制定创新举措。

（4）新时期品格。企业家要与时俱进，不断更新自身的知识与能力，敢于挑战自我，不安于现状；善于团结他人，善待知识型人才。

（5）服务意识。企业家要想企业始终保持良好的竞争力，持续创新，采取技术手段降低生产成本，提高产品质量，给消费者带来良好的服务体验是关键，这也是赢得客户青睐的主要途径。

市场经济的持续推进，使得社会对创新管理人才的需求激增，对此，企业家应当主动成为卓越的创新管理者，大力培养创新型人才，以推动企业发展和社会发展的双赢，为中国式现代化建设做贡献。

第三节　连锁企业管理创新方法

一、企业连锁经营管理概述

连锁经营是一种现代化的商业管理方式，它在当今的市场经济中，特别是在一些做商品流通和餐饮业的企业中，越来越普遍。在实施这一管理模式的基础上，企业内部各个部门的关系更加密切，在运作和管理方面，表现出统一的标准、过程和内容，从而提高了企业的品牌影响力，提高了企业的经营管理品质。因此，在日益繁荣的市场经济条件下，加强对连锁经营管理方式的探讨，无论在理论上还是在实践中都是十分必要的。

二、连锁经营管理对企业发展的推动作用

（一）为企业带来了商品、服务上的优势

与传统企业相比，连锁企业可以通过连锁经营管理，向顾客提供统一化、规范化的产品与服务，所以企业在研发产品与服务的过程中，能更加科学地利用各类资源，集中各项资源，去改进产品与服务中的不足之处。随着时间的推移，企业的产品和服务的品质也会不断提高，能更好地满足顾客的需要，提高企业的市场竞争能力，为企业创造更大的收益。

（二）为企业带来了价格优势

与传统模式相比，连锁企业在运用连锁经营管理模式的过程中，可以产生更显著的规模化效应，这将在很大程度上减少企业在原材料采购、产品研发、物流运输和推广营销等多个环节中的成本，通过规模化效应，可以显著地提升企业的生产经营管理水平，增强企业的价格优势，进而增加企业的产品和

服务对消费者的吸引力，提升企业的业绩。

（三）为企业带来了促销优势

连锁企业在采用连锁经营管理的背景下，运用促销的手段，可以使促销方式与促销力度更加统一化、规模化和标准化，还有助于消除企业内部的不良竞争，更好地控制销售价格；同时，企业促销的方式和促销的力度可以覆盖旗下所有的销售门店，形成规模化的促销效应。因此，企业可以根据自身实际，深入完善促销手段，不仅保障促销规模、促销力度，还能有效吸引消费者的眼球，提高促销成效。

（四）为企业带来了品牌优势

与传统企业相比，连锁经营管理模式下，连锁企业对不同地区的连锁机构，采用的管理手段、生产风格、产品质量、服务水平等都是进行统一管理的。为提升其产品、服务质量，连锁企业采用先进的管理理念；且在发展的过程中，企业能不断地累积竞争优势，提高消费者对企业品牌的认可度，扩大企业品牌在社会中的影响力、号召力，为企业带来品牌竞争优势，进一步强化企业的市场竞争能力。

（五）为企业带来了人才优势与物流优势

在现代企业发展中人才的作用越来越突出，与传统企业相比较，连锁经营管理的企业可以统一、及时、有效地分配、调动资源，尤其是在人力资源与物力资源的分配、调动上。连锁经营管理可以产生明显的人才聚集效应，吸引更多的高端优秀人才加入企业的发展中，不断提升企业的人力资源优势，为企业的长期可持续性发展奠定人才基础。物流运输效率和成本的高低在很大程度上影响了企业的竞争力，在连锁经营管理模式卜，企业可以对不同地区的物流经营活动进行统一的规范管理，有助于降低商品物流成本，提升企业竞争力。总而言之，连锁经营管理能为企业带来充足的人才和物流优势，提升企业的经营管理水平。

三、企业在连锁经营管理中需要改进的方面

企业采用连锁化经营管理的目的之一是强化企业的品牌效应，当前，企业的管理者需要提升进一步增强树立品牌形象的意识，采取高效的管理手段，实现企业分店的标准化管理，提升门店的整体服务水平，增强企业的口碑，推

动企业的高速发展；要充分利用信息技术条件，在分店之间建立起及时、有效的沟通渠道，提高企业的运作效率；重视人才队伍的建设，进一步提高企业经营管理人员的专业素质、岗位责任意识，采取有效的考核、培养机制，促进管理人员的工作积极性；完善企业物流配送体系的构建，保持物流配送上的核心优势，推动企业的进一步发展。

四、强化连锁经营管理对企业推动作用的策略

（一）加强品牌建设，提升企业口碑

通过强化对自身品牌的构建，为自己建立起一个好的品牌形象，可以明显地提高企业的产品和服务在市场中的影响力和号召力，提高其对顾客的吸引力，从而促使顾客做出更多的购买决定。连锁企业应该做好以下几方面的工作：首先应该与企业的具体情况相联系，制订品牌建设的计划，从对产品和服务的营销和宣传开始，设计出既有科学性又有可行性的策略，从而可以使品牌在市场中具备一定的影响力。其次，当企业的品牌产生了某种程度的影响力之后，可以通过社会营销和公关管理进一步提升企业品牌影响力和号召力。最终，当品牌影响力已经相对稳固，并需要对其进行进一步的延伸时，企业可以强化对各种营销活动的组织，并对新产品进行开发和宣传，用更加长远的发展眼光来推动企业品牌的发展。

（二）加强信息管理，促进信息共享

与传统的企业相比，在进行运营和管理的时候，连锁企业要同时考虑多个分支门店的管理，这给企业的管理带来了更大的困难。同时，对信息的搜集、流通和共享，也会对企业运营管理的结果产生深远的影响。所以，有必要加强对信息化技术的运用，加强对信息共享通道的建设和改进，使各个分店提供的数据和资料能够更加及时和全面地在企业中传递，提高企业的经营管理水平。

连锁企业可参考其他企业的成功经验，通过市场调研，调查市场中应用率较高的信息管理系统，展开有针对性的应用；或是雇佣专业的开发人员，与企业经营管理的实际状况相联系，为企业创造一个特殊的信息管理系统。在这个信息管理系统中，企业可以收集各分店的经营信息，从中挑选出一些有价值的部分，为下一步的决策提供参考。还可以在此系统的帮助下，建立更具有自

动化特色的库存、订货、配货系统，提高企业的销售效率，从而达到对各个分店的销售活动进行统一管理的目的，进而提高公司的经营管理水平。

（三）加强人才管理，提升专业素质

一个企业要想实现连锁化经营，就要有优秀的人才作为后盾。所以，为了提高企业的经营管理能力，企业还要持续强化对员工的管理，采用一系列的方法来提高员工的职业素质，并促使他们将经营管理工作落实到位。企业应该做好以下几项工作：第一，要与企业自身的战略目标相联系，对企业的发展需求进行分析，并与目前企业在人才储备上的现实状况相联系，建立起一套对人才的选拔、考核和培训机制。在接下来的经营管理中，要持续地对这一机制的建设进行改进，使人才队伍的整体素质得到提高，将连锁企业的人才优势充分地展现出来，从而提高企业在市场经济中的竞争力。第二，要注重人才培养体系的构建。企业应该加大对培训平台的研发力度，无论是在常规还是非常规情况下，都要对员工进行一系列的培训。与此同时，还要强化对优秀管理人员的维系，健全薪酬待遇制度，以此来激励员工的工作积极性，提高人才队伍的凝聚力，并促使员工更好地完成所有的管理工作。第三，对于一个连锁企业来说，经营管理是一件非常烦琐和富有系统特征的工作，为了避免一些员工在工作中产生消极怠工的现象，企业还需要强化监督机制和奖惩机制的构建，充分地发挥它对企业人才的约束和激励作用，推动企业的可持续发展。

（四）完善配送体系，促进长远发展

企业要强化物流与配送体系的建设，改善目前企业在物流配送方面的不足，充分利用连锁企业在物流配送上的优势。连锁企业所采取的物流配送方式通常分为三种：一种是建立企业自己的物流配送中心，进行统一的配送；第二种是与第三方供应商合作，由第三方供应商负责物流配送；第三种是与社会合作建立配送中心，进行社会配送。企业可以根据自己的需要，来决定采用什么样的物流配送方式。此外，企业还应该持续地对物流配送方式中存在的不足进行研究，并将其与信息技术相融合，从而提高其科学性、合理性和及时性。

第四节　国有企业管理创新

一、国有企业管理创新以制度创新为前提

（一）重构国有企业产权组织结构

1.建构国有资产管理新机制

（1）政企分开，建构新型代理模式。对过去的资产委托代理机制进行调整，让国家代表人民享有国有资产所有权。中央和地方国有资本经营管委会作为总代表，专司国有资产所有者职能。政府国有资产所有者职能与社会经济管理职能分离，能有效降低代理成本，妥善解决各种代理问题。要注意的是，新型代理模式以有效的监管激励机制为保障。

（2）强化各级代理人的激励、监管，建立相应的行为规范机制。行为规范机制具体包括：强化委托人对所有者代表的监督；强化所有者代表对代表的激励约束和规范；规范国有控股公司行为；强化所有者代表对派往企业的产权代表的监督。

（3）现行的代表模式是多级代理形式，结果就是代理成本居高不下，代理问题也得不到有效解决。原因在于每一层级都不同程度地存在激励不相容和信息不对称问题。对此，有必要设置相应的管理幅度。

2.完善国有企业内部激励约束机制

（1）按相关法律、规章产生权力机构、决策机构、执行机构、监督机构等人选。在成员构成方面，体现股权平等原则，公司外部成员占据一定比例，形成内部董事、监事与外部董事、监事的相互制衡、相互配合的格局。"新三会"（股东会、董事会、监事会）中应有一定比例的"老三会"（党委会、工会、职代会）成员，以便处理好"新三会"与"老三会"之间的关系，同时要避免二者的简单拼接。

（2）根据《公司法》有关规定，明确股东会、董事会、监事会、经理部门的职能，避免因权力重叠出现相互推诿的倾向，形成"二会四权"的相互制衡、协调的新格局。

（3）股权多元化和法人交叉持股。对国有企业进行股份制改革，优化内

部治理结构，拓宽投资主体来源，不仅能筹集更多的资金，还能对旧有的股权结构进行调整，通过股权分散的形式提高国有产权代理效率。鉴于我国资本市场尚不完善，法人交叉持股能够让持股企业之间形成制衡关系。

（4）完善国有公司经理人员激励与约束机制。为推进国有企业运行的规范化、程序化，真正建立现代企业制度，还应当采取有效的手段来激励国企经理人员的工作积极性，并对其行为加以约束，以免职权的滥用。

3.国有资产价值化，建构新型"混合所有制企业"

科学评估国有资产，将其实物形态转化为价值形态，使之具备可分割性、易流动性，以减少界定费用，节约成本。此外，将国有企业部分股权以出售或出租的形式转移给个人投资机构或基金组织，以便筹集更多的资本。在确保公有制为基础的前提下，重建个人所有制，通过剩余索取权等激励手段，提高国有资产的运营效率，建立起新型的"混和所有制"。

（二）完善产权交易转让制度，打造产权市场

1.提供市场参照，准确评价国有资产价值

产权市场，与产品市场、劳动力市场、资本市场等构成一个完整的市场体系，它提供的价格信号，能够反映企业资产实际状况及资本资源的稀缺情况，为评估国有资产价值提供充分依据，为企业产权调整奠定基础。因此，产权市场的价格信号，能够为评估国有资产价值提供参考。

2.引入多元产权主体，降低成本

以前的国有企业产权主体只有国家，而随着国有资本投资公司、保险公司、基金机构、商业银行和信托投资公司等主体在产权市场进行公平、公开的竞争，若国有产权适当让渡给符合条件的机构，有利于推动国有产权结构的改组，提高国企的运营效率。

3.促进产权的流动

产权流动以多元化产权主体和资本市场同时存在为前提。各利益主体根据产权市场形势，评估投资风险和预期收益，为"进入"或"退出"决策提供依据，促进了资源的合理配置，较准确地反映资源相对价格，确保社会经济在合理的轨道上发展。为促进产权更好地流动，可以从发展多层次产权交易与转让、多元产权转让主体、多种产权转让方式入手。

二、国企管理创新以观念创新为精神支撑

（一）管理理念创新

进入到新的历史发展阶段，随着资本积累的饱和，企业经济发展更多地取决于知识积累与更新；要想在激烈的市场竞争中立于不败之地，关键在于进行全方位的管理、革新。我国企业可以在立足本国国情和自身实际条件的基础上，借鉴先进管理理念；探索一套具有自身特色的管理模式，具体可以从以下几个方面着手。

（1）以提高竞争力为核心，审慎选择"多元化""专业化"战略，本土企业可以参考国外"虚拟企业""模块组织管理"等先进模式，形成能充分发挥自身优势的管理机制。

（2）注重现代意识管理和智能资本管理。

（3）打造优秀的企业文化，加强文化管理建设。

（二）经营战略创新

经营战略是关于企业全局发展的长期规划，它的创新以转变管理理念为前提。实践表明，科学的经营战略在发挥企业竞争优势、提升竞争力方面具有积极的作用，关乎企业的可持续发展。企业管理者应带头树立前瞻性意识，采取科学的管理手段和行之有效的经营策略，让企业焕发新的活力。

对于国企管理者而言，应秉持"战略随着环境走、能力跟着战略行"态度，通过对战略进行分析、制定、选择、实施等，归纳相应的管理经验，为下一阶段的管理工作提供指导，具体做法如下。

（1）分析企业外部环境，从瞬息万变的市场中抓住时机，帮助企业规避发展过程中的风险。

（2）分析企业的优势与不足，找出问题所在，采取针对性的措施加以改善，让企业更好地顺应外界环境。

（3）在分析企业外部环境机会和内部优劣势的基础上，采用SWOT分析法［又称"态势分析法""优劣势分析法"。用来确定企业自身的竞争优势（strengths）、竞争劣势（weaknesses）、机会（opportunities）和威胁（threats）的一种综合分析方法］系统评价战略方案，内容应包括企业经营收益、风险、市场前景、利润相关者反应等，为战略创新提供科学依据。

三、国企管理创新以技术创新为现实依托

企业是一个复杂、非线性的动态系统，内部包括资金、人力、物力、财力、信息等资源，采取科学的管理手段对这些资源进行合理配置，有利于提高企业运转效率，增强企业的竞争力，实现企业的发展目标。具体来说，就是要以市场需求为导向，在系统理念的指导下，采取现代管理技术和方法，对生产流程各个环节进行优化，形成一个综合的集成性管理系统。企业管理依托现代科学技术，管理手段和方法更加丰富，各种条件得到改善。因此，在生产实践中，国企应当结合国外先进的管理理念和手段，借助现代技术手段，突破传统管理理念的束缚，对陈旧、僵化的管理方法进行创新，围绕市场预测、成本分析、产品设计、生产准备、物流库存、制造加工、产品销售、售后等环节，建立起一套科学、行之有效的管理体系。

随着信息产业的兴起，国际贸易的日益频繁，关于生产的新概念、手段不断涌现，这对企业来说是挑战，更是机遇。现如今，我国企业应借助现代互联网推进管理的信息化，让企业管理更好地适应市场国际化发展需要。

国有企业自身的发展，加上市场规模的持续扩张，让国企内外环境有了新的变化：一是企业内部管理更加复杂，二是市场形势的波诡云谲对管理者的能力有了更高的要求。为协调二者的冲突，妥善解决发展实践中遇到的各种问题，国企需要引入先进的技术手段，推动管理的网络化，切实提高管理效率和水平。依托现代信息技术，将先进的管理理念和手段运用到生产与销售的各个环节，建立一个集企业资源计划、客户关系管理、供应链管理于一体的综合性管理信息化体系，全面提升管理质量，以科技手段改善传统生产、经营模式，转变经营理念，实现资源和信息共享，促进管理的集约化。考虑到我国企业管理信息化仍处于初级阶段，国有企业的当务之急，就是走技术创新道路，提高管理的信息化水平。

四、国企管理创新以机制创新为持续动力

进入到市场经济时代，国有企业想要获得长久的发展，仅靠以往的体制是行不通的，管理机制创新是根本出路。

1.建立企业管理动力机制

一方面，加快企业改制，让企业成为自主经营、自负盈亏的独立主体，从而提高企业经营管理的积极性；另一方面，加快人力资源的开发与利用，制定行之有效的激励手段，来充分调动员工的工作主动性，激发其潜能，为员工提供展示才能的广阔平台，做到人尽其才、才尽其用，营造一个人人自觉、人人努力、人人创新的管理局面。

2.打造一支懂得经营、善于管理的企业领导队伍

在国有企业的发展中，企业领导的能力，直接影响改革的进度和成效。对此，需要建立国企领导人选拔、培育和激励机制，并制定相应的约束规章，让企业领导依法对企业发展规划进行决策，提高决策的科学性、有效性。

五、国企管理创新以文化创新为内在源泉

（一）认识到企业文化的重要性

文化竞争是经济竞争的高级表现形式。企业的整体改革、转型，除了经济体制转型，更关键的是企业文化的革新、完善，二者的有机结合是确保改革顺利进行的前提。企业文化，指以企业家精神为核心的思维理念、行为方式和企业形象，是企业在长期生产经营过程中形成的，全体员工遵守的价值观念、行为准则和审美理念的总和。经过40多年的改革开放，我国国有企业在发展过程中，积累了一定的有形资产，但企业文化的建设相对薄弱。一名优秀的企业家，往往具备广阔的发展视野，注重企业文化的建设，采取有效的管理手段和方法将文化这一无形资产转化为有形资产。

随着国企改革的深入，社会功能应当从国企中分离出来，但分离不是一蹴而就的，要经历一个积累、转换的过程。如今，国企纷纷建立现代企业制度，但长期的计划体制和传统管理理念的影响并未完全消除，依然存在一些需要完善的地方，这是建构新型文化企业需要考虑的方向。旧文化到新文化的转变，是一个继承性、创新性的过程，一方面，对旧的企业文化进行整合，赋予其新的内涵；另一方面，把握世界企业文化创新动向，吸收、借鉴外来优秀案例进行企业文化建设。因此，国企在文化创新过程中，要求根植于中华优秀传统文化土壤，在立足本国国情的基础上，融合西方现代管理科学，探索具有中国特色的新型企业文化，在建构的过程中要注意以下几点。

（1）企业文化要突出个性，不同行业乃至同一行业不同国有企业的文化不能是千篇一律的，要形成自身的特色和优势。

（2）企业文化作为企业管理的重要组成部分，在理解时要从全局、整体上把握，培养职工的企业归属感和荣誉感，激励他们主动参与到企业文化的建设当中来，丰富企业的精神内涵。

（3）特定的企业文化是特定的社会环境和经济发展的产物，具有明显的时代局限性。因此，企业文化想要永葆生机和活力，与时俱进是关键，鉴于消费者多元化、个性化的消费倾向，国企需要探寻更高形态的企业理念和文化模式。所以，不管是企业领导者，还是企业普通职员，都应具备崇高的人格理想，具备良好的思想道德素养，为开辟先进的企业文化出谋划策。

（二）培育企业精神，形成良好的企业形象

在我国，"企业精神"概念由来已久，"企业文化""企业形象"则是20世纪80年代企业管理理论中分化的新概念，是新技术革命时期的产物。进入新时代，现代企业创新管理的重要方向在于企业文化的塑造和完善。为了打造良好的企业形象，需要做好以下工作。

1.重塑企业价值观

企业文化以企业精神为核心，企业精神的内核在于企业价值观，这是不同企业的本质区别所在，属于理念识别系统范畴。企业价值观，指企业职员对客观事物、所从事的生产经营活动的意义的总看法和评价，是劳动价值理念在生产生活实践中的集中反映，在企业经营宗旨、经营战略、职工行为规范等方面起到引领作用，是企业的灵魂所在。若缺少正确价值观的指引，企业就好比一副空洞的躯壳，空有形而无神，是走不长远的。

2.突出企业自身个性

在消费日益多样化、个性化的背景下，要想在激烈的市场角逐中拔得头筹，企业需要在生产经营过程中形成自身的特色，能够给消费者留下深刻的印象，这是其他企业难以模仿的。不管是生产的产品、还是组织内部的管理，如果不能给人独树一帜、眼前一亮的感受，是很难具备竞争力的。从国内企业建设现状来看，企业精神、文化与形象的内容升华方面同质化严重，缺少个性，这一点急须做出改变。

第三章 现代企业组织的创新发展

第一节 现代企业管理组织的发展与创新

任何一个组织机构，要想长久地生存和发展下去，就需要根据内外部环境条件的变化进行相应的调整，比如改革组织结构、管理形式等，这是组织在复杂的市场环境下得以存续和获得进一步发展的前提。

一、组织创新的基本概念

（一）组织创新的含义

组织创新，指形成共同目的的认同体和原组织认同体对成员责、权、利关系的改革、调整，旨在获得新目标的共识。它以组织变革和组织形式为研究对象，但并非一切都是与组织有关的变化，而是通过技术创新获得更大的经济效益，在此基础上引起的组织变化。也有观点指出，组织创新是在受到外部环境冲击时，围绕内在环境的需要，对内部状况进行调整，以免组织的失衡，进而实现组织的进一步发展的过程。

（二）组织创新的特征

组织是资源的一种配置方式，如对人力、物力、财力、信息资源及其结构进行安排，从这个角度看，与市场是相称的关系。可见，组织创新是对资源组合方式的调整，在内容、过程与结构中呈现以下特征。

（1）组织创新表现为企业功能的完善，通过引入新的组织要素，来调整内部结构，以发挥企业的完整功能。

（2）组织创新是不同社会组织的横向联合。

（3）组织创新旨在优化企业内部结构。

（4）组织创新较多地依赖于企业目标与经济技术水平。

（三）组织创新的类型

1.按主导形式分

（1）市场交易型（A型），依靠个体利益诱导，当个体认为加入新的组织能获得更大收益时，便会出现。

（2）行政指令型（B型），依靠权力驱动，当权力上层认为重构更有助于目标的实现时，便会发生。

（3）市场教育与行政手段结合型（混合型），介于A型与B型之间，存在于组织与市场相互作用的体系下。

2.按完成手段分

组织创新按完成手段可分为兼并型、分割型、全新组织型。

3.按组织范围和成员分

组织创新按组织范围和成员可分为制度创新、产业组织创新、企业组织创新。

4.按内容分

组织创新按内容可分为人员、观念和文化的创新；组织结构与职权划分的创新；组织任务与流程的创新。

二、组织创新的驱动因素

组织创新驱动因素，指促使企业进行组织创新的各种要素。从当前的研究现状来看，学界存在"三因素""两因素""单因素"等观念。

根据"三因素"说，组织创新的驱动因素有技术推动、市场导向、政府调控等形式。技术创新，即技术由无到有、由思想到实物、由不成熟到成熟、由实验到市场的过程，在这个过程中，相关的组织形式需要进行创新、调整。基于市场导向的组织创新旨在推动创新技术成果的商品化，建立以技术市场为依托的组织形式。而不同的组织存在形式，是组织在技术要求、内部管理有效性和外部环境在交易过程中，综合作用下的结果。

（1）组织是各个不同的利益主体，其存在以不同主体对目标达成共识为前提。

（2）组织作为目的认同体，在追求目标的过程中要对成员的权、责、利关系及其资源进行分配，这会耗费一定的管理费。

（3）组织存在于一定的环境中，其功能的发挥在外部环境的交易中。有交易就有交易费用，这源于制度对权力的模糊界定，是客观存在的物理距离与语言、民俗、文化上的差异，可以看作市场运作产生的开支。只要有市场，组织就无法回避，组织的规模及存在形式取决于外部交易费用。

根据新制度学派的观念，组织创新的来源包括要素相对价格的变化、经营规模的变化、发明的结果。在第一种情形中，企业会面临某要素相对价格的下降。在一定期间，这种变化会对生产流程产生影响，使得企业更多地适应那些相对便宜的要素，减少相对价格上升的要素的使用。在第二种情形下，当生产流程资本投入不是无限可分时，市场规模的扩大将促使企业改变要素组合，表现为使用更多资本，减少劳动的使用。在第三种情形下，一些创新完全取决于新安排的扩散程度与现存安排的寿命。

三、传统组织结构对组织创新的影响

传统组织结构注重理性的思维和决策，在处理组织环境与员工人际关系的不确定方面能够起到一定的效果。

相关的法律、规章制度是组织结构运行的保障。在传统组织内部，个人往往更多追求的是与自己有关的"任务""等级"，而非新观念的形成和解决问题。现代市场的发展历程表明，组织内各部门及成员的经常性、开放式互动有助于研发出新型产品，较好地迎合了市场的需要。而在传统组织结构下，成员趋向于保守，信息交流不畅，不利于问题的妥善解决。

传统组织结构下，倘若上级对下级从事的专业领域工作尚不熟悉，往往会否定下属的新颖性观点，创新行为则被扼杀于萌芽当中。长此以往，那些有潜在价值的观念因得不到批准而无法落地，这不论对于个人发展，还是组织的发展，都是不利的。

大量的生产实践表明，当地位和资历被过分强调时，组织领导人的决策往往不够民主，甚至是武断，这会让下属受到过多陈旧规则的束缚，无法施展手脚。久而久之，创新之风不再，保守、一成不变成为组织的"标杆"。不管是组织领导，还是普通员工，都一味遵循熟知的规章制度，不愿意去探求实现更高组织目标的方法与手段，规则一度成为组织的最终价值。倘若这种组织结构不进行优化，最终的结果只能是被淘汰。

随着关于组织结构研究的深入，越来越多的人意识到传统组织运作机制和决策机制与现代社会发展的不协调性、冲突性。事实上，现代商业社会下，由于组织内外部环境的复杂、多变，员工被要求不应该停留在小心下结论的阶段，而是敢于创造结构模糊的新事物。所以，在面对复杂的综合信息的，组织应当创造各种条件，来发挥员工的能动性作用。

四、组织创新与企业的可持续发展

在激烈的市场竞争下，企业要想获得长远的发展，创新是根本出路。而不管是技术创新，还是制度创新，都以组织创新为前提，首先要对组织结构进行优化、调整。

（一）组织创新增强企业的核心能力

社会生产实践证明，组织创新在增强企业核心竞争力，让企业在市场角逐中占领制高点中扮演着重要的角色。从短期看，企业的竞争优势源于当前的价格及性能特点；从长期看，企业的竞争优势源于以更低的生产成本、更快的速度来发展自身能力，能够生产出大量适销对路、迎合客户需求的产品的核心能力。企业的核心竞争力具有难以模仿性、独特性，这是企业占据更多市场份额的制胜法宝。在知识经济时代下，企业之间的竞争本质上是人才的竞争，人才资源对企业而言是无比珍贵的无形资产。基于此，在新的历史时期下，必须打破传统组织结构对人的潜能发挥的束缚，采取有效的激励手段挖掘人的积极性、主动性和创造性，这是企业增强核心竞争力的关键。

（二）组织创新提高企业的动态能力

根据动态能力假设理论，当组织动态能力与组织内外部环境变化相适应时，组织得以获得长久的竞争优势。其中，"动态"指能够适应瞬息万变的市场环境；"能力"指为满足内外环境的变化要求，企业从战略管理的角度来提升自身的关键能力。组织变革、创新的目的，在于更好地适应市场变化，进一步提高企业的核心竞争力和动态能力，实现更好更快地发展、壮大，而这些目标的实现，离不开组织创新，它好比一个"驱动器"，迫使企业调整组织结构，建立新的内部机制和决策机制。

同样，企业在长期的生产经营过程中，积累了丰富的创新经验，积淀了宝贵的精神文化，为组织创新提供了充足的物质资本。由此可见，企业组织创新与可持续发展是相互作用、共同依存的关系。

第二节　团队理论在企业组织中的应用

在现代社会中，团队面临的挑战不仅在于团队内部的合作，关键是让各团队之间进行协作、配合。目前大多数有关工作团队的研究都局限于团队内部，忽视了团队与组织内其他团队的相互制约、相互促进关系。直到20世纪80年代末，西方学者提出这一现象后，关于多团队的理论研究渐渐兴起。21世纪初，一种"多团队系统理论"应运而生，它打破了对单一团体研究的局限性，为企业组织活动下的团队研究提供了一个新的视角和方向，通过建构多角度、多目标、多水平的结构层次模型，分析企业团队的运作行为。该理论为阐释跨团队组织形式奠定了理论依据，本节就多团队系统理论的定义、主要观点以及其在现代企业管理中的应用进行说明。

一、多团队系统理论

（一）多团队系统理论的定义

多团队系统理论，是一种将多个互为依存的团队组成的群体从多个维度、多个水平和目标进行探究的新方式，多团队系统（Multi Team System，简称"MTS"）为分析核心。国内外学界关于该理论的定义尚未形成一致看法，从不同研究视角出发，存在以下定义。

（1）从MTS运作主要特征来看，MTS指两个或更多在遇到外部不测事件时通过直接交流、相互依存的方式完成共同目标的团队组成的系统，强调遭遇突发事件时，MTS的领导效能问题。

（2）从多团队间博弈的视角看，MTS指由若干相互竞争的团队构成，各团队中有多个决策者，他们为追求共同目标展开合作。

（3）从多团队项目依存关系的管理角度看，MTS指由多个相互依存的子团队组成，各子团队负责产品的某个部件，与其他团队合作、沟通，从而完成整个产品的继承，一般包括底层的跨职能团队和上层的项目管理团队。

（4）在MTS中，"多团队"是"拥有一个以上工作单元（有共同计划、已定目标和一组管理者角色的小组，小组共享同一工作场所，仅由一名团队领导）的团队"。

（二）多团队系统理论的基本特征

（1）MTS由两个或两个以上子团队（两个以上的人组成，彼此相互依存、相互影响，朝着共同的目标努力，成员生活圈有限，在工作中各司其职，对总体绩效目标实现程度有不同的影响）组成。

（2）组成MTS的子团队是独立实体。

（3）子团队在输入、过程与输出上至少与一个MTS子团队相互依存。

（4）MTS系统具有开放性。

（5）子团队分目标与MTS总目标下的一项指标有关联。

二、多团队系统理论的主要观点

笔者在查阅大量有关文献的基础上发现，关于MTS的研究主要围绕多团队领导、多团队与复杂系统、多团队与产品研究展开，也有不少多团队决策机制、多团队过程及子团队与多团队关系的研究。

（一）多团队领导关系研究

研究结果表明，通过对领导群体实施战略开发训练，可以提升MTS的心智模型、跨团队协作能力，从而提高MTS的业绩；同时，通过对领导群体实施协同提升训练，可以提升MTS的集团内协作能力，但团队或多团队的工作绩效水平并不突出。

第二次的研究方向集中在功能型领导的调节与中介作用中，结果显示，不管是战略开发培训还是协作促进培训，都能够有效提升功能型领导力和团体合作，功能型领导行动与MTS绩效之间存在着正相关关系。此外，功能型领导还能够调节员工培训与多团体合作之间的联系，从而有效提升团体或多团体的工作绩效水平。跨团队协作可以有效地促进多团队领导与MTS绩效之间的关联，从而发挥出其中介作用。有关学者再次深入探讨了MTS的领导，其中三个重点需要介绍。

（1）相关学者考虑了极端情形下的多团体领袖，如应对天然灾难、战后安全、支援、转型和重建工作等。

（2）相关学者运用历史计量分析方法，对110个重大事例展开了深入分析。

（3）相关学者对MTS的领导展开了深入分析，以期更好地理解其影响因素，并为未来的研究提供参考。该研究旨在探讨功能型领导在子团体、多团体以及跨多团体边界上的策略发展和协同推进功能方面的作用。结果表明，功能型领导人的战略行为和协作行为对多团体体系的运行、表现和业绩都有积极的影响，为进一步深入研究多团队领导提供了重要的理论基础。

（二）复杂系统中的多团队

由于传统的团体理论知识无法有效地解答跨团队协作问题，因此多团体体系理论研究应运而生，它可以帮助企业实现超出单个团队能力范围的复杂目标，从而提高企业的效率和竞争力。在这种情况下，多集团信息系统必须具备规模庞大、分布广泛及跨越地域的特性。

Mark等人根据一次"测试救援系统健壮性"演习的数据，对MTS的交互记忆系统的健壮性进行深入的研究，以探究它对民间急救的绩效影响。研究人员将演习分为三个阶段，每个阶段都由一个MTS组成，他们来自各种不同的组织，如警察局、消防局、医院、政府、私营企业、环境组织和媒体等。每次演习结束后，参与者都应该完成一份问卷，以评估各变量之间的关系。研究表明，交互记忆系统与MTS绩效之间存在着正相关性，而这个关系可以在交流中实现。

DeChurch等人在深入研究复杂系统的多团队领导时，将研究环境定位于灾难应对系统、省级重建团，以此来探索其中的机制和影响，以及它们如何影响系统的发展和变化。原因在于这些MTS包括大批政府和民间组织，并且任务紧迫需要领导在一瞬间做出关系生死的决定。这两种研究中都考虑了多个团队系统大小的问题，体现出多个团队在应对复杂性社会问题时的规模性特点。

David等人通过案例分析法研究大型分布式会议多团队运营，选择一种叫"Manger Jam"的大型会议加以分析，其具有三个特征：其一，规模大，邀请上万名管理者参与开会；其二，时间长，开会时间累计超过40小时；其三，分散，背后是一个个分散的MTS支撑会议的进行。

Alan也以个案分析的方式考察过一种以1个主导企业和20个协作小组所构成的虚拟多边发展团队协作工作，一同致力于研制一种大规模航天产品，主导企业具有总体设计权，合作组织均有自身的员工，对承包的子系统实行研制和发展。与此同时，各团队之间（除极少数团队在极少时段外）均为虚拟交流状态。上述两类研究不仅顾及了多团队体系的规模化特点，也兼顾多团队体系地域分散的特点，以及关注多团队虚拟化沟通议题，反映出MTS分散与虚拟化的特点。

（三）产品研发多团队研究

Mathieu 等人提出多团队体系理念后指出，跨组织的新产品开发将成为多团队体系中的应用领域之一，尤其是某些复杂性大型产品的开发。他们对多团队体系的应用研究实际是运用多团队体系进行产品开发的一个例子。虽然研究中Mathieu等人没有明确提出"多团队系统"这个术语，但关注的一些层面如"跨越团队"协同"多边组织""任务互依性""多团队R&D项目""分布式协作"等都与多团队观念相契合。

Alan通过植入式案例研究的方式，深入探究虚拟多边发展组织中各联盟企业之间的协作机制，以及它们如何实现共同的目标和利益。研究结果表明，主导公司制定每个供应商队关于作业内容、时间期限等强制标准可以切实推动团队合作，并产生整合作业模式。

"项目整合与支持"是工程层面的重要因素，指工程领导小组协调整体工程进度，明晰每个队伍所担任的工作以及整个工程研发期间所处的地位。"团体间交流管理"是团队层面的变化，即所有团体对内明确与其它团体之间的关联——本团体与其他团体之间信息、产品和服务之间存在密切的互动。调研显示，"团体间交流管理"对于产品的概念阶段尤为重要，阶段性成绩得到明显提升。"项目整合和支持"在开发阶段中发挥了重要作用。为对结果进行进一步验证，他们还从项目承诺、团队界面管理、跨团队协作等维度对"概念阶段"和"开发阶段"进行研究，分析其影响。

（四）多团队研究的其他方面

1.多团队决策机制研究

在多团队决策体系中，成员之间面临着公平竞争与协作的关系。为解答这一问题，一些学者引入了非劣纳什法，将团队理论中的非劣帕累托联合方案和博弈论中的纳什非合作方案有机地结合起来，从而更好地实现多团队决策的目标，让问题得以解决。

2.多团队过程研究

Marks等人在低仿真战斗机进行模拟任务的试验平台上，通过深入研究

MTS的转换流程和行为步骤，发现了它们对多团队绩效的影响，并且比较了团体内部行为和跨团体行为对MTS成绩的影响。结果表明，MTS的过渡过程、行动过程和MTS业绩之间存在着正相关性，而且与团体内行动过程相比，跨团体行动过程更有助于提高MTS业绩。此外，当跨团体互依性较高时，跨团体行动过程对MTS业绩的预测更加准确，而在互依性较低时则不然。

3.多团队与子团队关系研究

Charles等人发现，成员的自我管理才能和团体凝聚力对多团体成绩有着重要的因素，而且这种因素还可以通过调节二者之间的关系来实现。在研究过程中，他们以一家半导体企业为对象，组建21个MTS，97个自我管理团队，各个MTS包括4个团体，各团体成员不少于8人，这表明，这些企业在存在多个团体的情况下，子团体成员的自我管理能力对于组织的总体业绩具有重要的影响，特别是当团体向心力较强时，这种关系更密切、明显。

尽管多团队研究具有较强的独立性，但它们之间也存在着一定的交叉与互补。这种交叉与互补使得多团体管理系统能够成为一个个单独的实体，其内在子团体可以独立工作；也可以相互依存，通过特定的多团队过程，在多团队领导团队的指导下，共同完成单一团体无法完成的各项任务。下文将深入探讨多团体系统理论在当今企业管理中的实际应用，以期获得更好的效果。

三、MTS在现代企业管理中的应用

（一）多团队组建工作

多团体体系可能由团体、部门、学校、部队、运动员队伍等实体组成。它们可能以组织内部的形式出现，也可能以跨团体的形式出现，前者只能在一个团体架构下解决问题，而后者则能够解决跨团体的问题，比如跨组织联盟、多项目团队、跨学科团队等，它们能够在不同的组织环境中实现有效的协作，从而提高团体的效率和效能。多团队的规模和分布可能大相径庭。前者可以在同一办公场所进行面对面的沟通、协调，而后者则需要在虚拟环境中进行沟通，以便更好地实现协作。组织应急小组也是一种不同的方式，它可以帮助企业应对紧急情况。总而言之，不同的任务目标需要组建多个团队，这些团队的形式各不相同，从而导致了它们的运作方式多种多样。

如今，在房地产行业不够景气的背景下，多建设项目、多区域的建设已经成为地产公司实现规模化经营的关键。但是，从单个建设项目蓬勃发展转为多建设项目同步发展，从区域性发展转为国家级建设，仍是当前地产建设的重点。随着时代的发展，房地产企业的项目团队也在不断变化，从单纯的项目团队转变为多项目团队，这种组织形式旨在实现公司的战略目标，并且能够有效地管理和协调各个项目团队。

某些特大型房地产公司采用多项目集团的形式，这个组织模式与传统的项目公司团队管理具有显著的不同，它们在集团（或集团总行）下设数个子企业、分支机构或项目管理公司，每个子企业负责一个工程项目，促进整个企业区域的快速发展，从而达到整个企业的多项目运营。企业总部设立了许多职能部门，这些职能部门不仅受到上级部门的业务指导，而且受到项目公司的直接领导，从而有效地缓解了中小企业跨区域发展的实际问题，形成当今特大型房地产开发企业的一般模式。

随着时代的发展，多项目团队已经成为一种普遍的管理模式，它将公司内的服务区分为多个服务项目，由各团队实施，并将公司的总体目标细分，以便更好地达成总体目标。随着IT行业的发展，越来越多的公司开始采用多项目团队的模式，根据各个销售市场的情况，将项目分配到各个团队中，以满足各种的需求。

（二）多团队协作管理模式

不管采用何种组织架构，子团队之间都应该建立起高度的相互依赖关系。这种关系体现在三个点上——输入方（如信息、机械、原材料）、过程（如作业流程、时间要求）及输出方（如产品、员工满意度）。多团队之间的互依性需要紧密合作、高效协作和有效沟通，以及制定完善的协议，为团队的有效运作奠定基础。

1.开放性

多企业系统城致力于从市场经营商转型为综合服务商，投入地产、展览、广告宣传等多种业态，形成了一条完善的生产线。

2.层级性

多企业系统由几个部分组成，如集团公司金融市场部、金融市场分部、金融市场信息咨询服务分部、驻香港办事机构等，层级明显。

3.多维性

多企业系统形成了多维度的管理体系，实现了全方位的金融服务，提升了公司的运营效率和竞争力。集团公司安保部和各分支机构的安保部以专业性为基础，组成了一个子体系，而企业的金融市场部、金融市场分部则以行业一致性为基础，组成了金融市场部子体系。

4.职位交叉性

在多企业系统中，某个成员或从属于两套或很多子企业，从而导致一人多岗、个别职位交错的现象，像部门主管兼职副总的情况并不少见。

多企业系统采用多团体合作的人才资源管理模式，以引导机制、激励和自律管理机制为基础，实施行之有效的管理，以提升员工的团队精神和沟通协作能力，具体内容如下。

（1）在招募流程中，强调员工的团队合作精神，在各部间建立专门的渠道，召开互相了解的专门座谈会，以及各部间的友谊赛等活动，以增强团队凝聚力、向心力。

（2）建立公正的绩效考核体系和奖惩制度，严格按照制度依法行事，以促进员工的工作积极性和创新能力。通过引入高效的团队协作规则，使得每个人和团体部门都能够自然而然地遵守，进而确保团体内部的合作拥有统一的标准，避免员工甚至团体存在"摸鱼"的情况。

（三）多团队领导方式

在MTS中，领袖队伍承担了重要的职责：首先，要确定集体行动的顺序和时间，以及如何有效地沟通；其次，要对行动过程加以监控，以确保信息的有效传递；最后，要增进集团内部的合作，以提高整体效率。

1.领导是战略开发者

在MTS中，子团体之间的依存性极高，团队的高效的协作能力可以带来更高的绩效水平。而领导团队通过有效的沟通和计划，可以提升跨团队协作的效率，从而调节企业战略开发中的信息沟通与业绩之间的关系，从而实现最佳的业绩。然而，研究表明，领导战略的信息沟通与团队协作存在着密切的联系，而团队协作又会影响团队绩效，但是，领导战略上的信息沟通与团队绩效之间却缺乏明显的联系。

鉴于此，有学者将心智模型运用于多组织体系，并且深入探究了领导者的行为如何直接影响成员的心智模型，以及它们之间的关系。

研究结果表明，智力模型是高效团体合作的关键因素，通过研究智力模型的差异和准确度来判断多团体的合作水准，发现这一原则在团体方面并不能得到充分的证实。结果表明，智力模型的准确度与团体合作的BARS等级（行为定锚等级评定量表）存在显著的关联，而与合作指标则没有直接的联系。心智模式的一致性对于团队协作的有效性不可或缺，无论环境怎么变化，人们都能够基于共享互动模式的了解来判断彼此的行为。然而，最新的研究发现，心智模式的非相似性与协作过程之间并无显著关联，二者在准确性中存在着密切的联系。

为了提高协作效率，建议在多团队中建立一个共享信息的机制。这样，领导者可以利用相似的知识结构指导子团队的工作，子团队成员也可以共享信息，以实现相互依存的目标。此外，所有多团队成员都应该具备相似的知识结构，以便在行动阶段能够顺利应对各种情况。

2.领导者是协作促进者

在多团队中，领导团队的另一重要职责是为团队成员提供有效的协作环境，以及提升团队的整体效率，这一点已经得到了广泛的研究和证实。在行动阶段，采取有效的措施，如监督绩效、提供及时反馈等，直接关系到团队的成绩水平。

经过领导者协同训练，能够显著提升团队的协作能力，但是，仅有少数数据表明，这种能力与业绩产出之间存在关联。尽管研究人员期望通过改进组织行动来提升业绩，但实际结果却表明，领袖行动与团体合作不过是相辅相成的关系，对绩效的提升帮助不大。综合上述结果，能够看到，领导者的协同行动与一般的协同行动具有根本的不同，它不仅能够直接提升绩效水平，而且还能够通过提升心智模式的正确性和团队协作来提升MTS业绩，从而有效地提升整个系统的绩效水平。因此，领导者的战略开发能够有效地提升MTS绩效水平，而且不会影响组织的过程。

近年来，多团体系统的研究取得了一定的进展，但仍缺乏系统性的研究。一方面，多团体系统的概念仍存在多种解释，尚未形成一致的定义；另一方面，基于多团体理论的领袖力量理论研究较为普遍，但在多团体背景下，关于团体教学和团体协同等领域的研究仍未取得重大突破。此外，多团体理论研究的方法仍有待开发，因为它们需要考虑多个水平、多个因素、多个层级和多个维度。并且，基于多团体系统的理论缺乏有力的实证支持。

在当前国际经济背景下，中小企业内部的国际竞争日益加剧，尤其是现代企业中大多数依靠出口，它们面临着更大的挑战。因此，降低成本、提升企业竞争力是当前中小企业走出困境的关键。MTS理论提供了一种有效的解决方案，它不仅可以帮助中小企业提升研发和创新能力，还可以有效地提升中小企业的整体竞争力。近年来，MTS理论在现代企业管理中得到了广泛应用，但仍存在一些挑战。

（1）中小企业在快速发展的过程中，为了组建多个集团，往往会出现人才短缺的问题。

（2）中小企业的目标与项目团队的目标可能会出现冲突。企业的目标应当高于团队的目标，但是，如果管理团队只是为了实现短期的目标而忽视长期的利益，可能会损害企业的品牌和声誉。

（3）由于团队之间的协调性不足，很难建立起完善的协调机制。

基于此，应当立足于企业的实际情况，对MTS的运作机制进行系统、综合的理论研究，让多团体系统理论为现代企业管理提供科学指导，帮助企业发展、壮大。

第三节　企业人力资源的创新管理

经过40多年的改革开放，我国经济实现了腾飞，社会面貌焕然一新。进入新的历史时期，人力资源管理已经从规划体制下的劳动人事管理转变为现代人力资源管理模式。随着管理方式的变革，人们不再仅仅将"劳动力"视为一种工具，而是将其视为一种能力和责任。人类是创造和利用知识的主体，人力资本（指员工获得的专业知识、技术、管理经验和能力的总和）是最重要的资源。

现代人力资源管理，旨在有效利用人力资源，以实现组织更高层次的目标，并最大限度地提升组织的效率和绩效。通过有效地开发、合理地利用和科学地管理，不仅可以提升人力资源的智力水平，还可以提高人们的思想文化素养和道德意识，充分发挥人们的潜能，从而实现人类的全面发展和进步。人力资本作为现代企业管理的重要一环，可以有效发掘企业的发展潜力，为企业带来更多的发展机会。进入到新世纪，"人才是第一资源"成为各国共识，已经成为我国国家战略的重要组成部分，并被广泛认可为国家经济市场竞争力的重要来源。

改革开放至今，国有和非国有企业都在不断发展，以适应当前的市场环境和发展需求。通过建立完善的人才资源管理体系和机制，为企业茁壮成长带来了强大的支撑。随着企业规模的扩张，人力资源的开发和使用变得越来越重要，与此同时，人才资源的紧缺已经成为阻碍其进一步发展的一大障碍，具体表现在以下几个方面。

（1）核心骨干少，不少员工的能力素质无法满足岗位需要。

（2）开发和培养体制的完善有助于人才的发展和培养，但企业现有的评估和激励机制仍有待改进。

（3）教育培训投入不足，缺乏足够的资源来提升培训的针对性和实效性。

（4）员工对企业的归属感、荣誉感不强，在企业文化、价值取向的理解方面大相径庭。

以上存在的各种关于人力资源的问题阻碍着企业的生存与发展，不利于企业对人力资源进行合理配置。事实上，人力资源不仅是一个课题，而且还是一项重要的艺术，它需要具备先进的管理理念和思维，以及专业技能和方法来实现它的目标。在新的时代和形势下，人力资源管理需要掌握人生哲学和处世艺术，以便更好地适应新的挑战和机遇。理应与时俱进，敢于尝试新的思维，寻求新的手段，并借鉴外国发达国家的经验和成功案例，在现有人力资源的基础上摸索现代人力资源管理模式，以求更好的发展。

一、知识经济时代下人力资源管理创新对企业的意义

（一）企业深化改革的必要条件之一是人力资源管理创新

在社会化大生产背景下，为实现现代化的市场经济，企业必须完善和提高自己的能力和技术水平，完善现代化管理制度。对此，从企业内部看，要注重人力资源的管理和开发，培养和引进与企业发展需要相适应的人才，从而提升企业的整体竞争力。只有形成一套完善的先进管理机制，才可以有效地推进

企业的发展，实现大规模的生产。

（二）通过人力资源管理技术创新，公司能够提升其竞争力

人力资源管理创新，促使企业更好地发挥人才的潜力，做到"人尽其才，才尽其用"，从而实现企业的发展目标。为调动人才工作的积极性，创造出最大的效益，推动企业的技术变革，更好地发挥企业内部人力资源的能动性，应该大力推进管理创新，以便更好地培养和激励人才。通过掌握先进技术，企业可以充分利用人才的优势，通过开发更多的产品，扩大市场份额，获得更高的经营利润，为企业带来更多的收益。

（三）人力资源创新管理能够为企业打造更高效的管理团队

企业的管理水平是决定其经济效益的关键因素，它直接影响着企业的发展和成功。管理团队是企业发展的关键力量，管理人员的能力水平将直接影响企业的经营成果。因此，企业的成功取决于管理者的专业能力，这一方面对于企业的发展至关重要。公司应该不断推进人力资源管理机制的创新，完善激励机制，来培养和留住优秀的人员，以提高公司的核心竞争力。健全管理机制，为企业的管理营造出一个良好的环境，保证管理人员能够全力以赴地投入企业管理和经营，以推动企业的可持续发展。

二、企业人力资源管理创新路径

（一）审视理念，建立以人为本的管理理念

许多企业依然存在对人力资源管理的误解，这种偏见阻碍了企业的发展壮大和人力资源水平的提高。管理者应当充分认识到，人力资源管理不仅仅是协调和监督，更是一种权力，一种责任和义务。将力量集中在某一部门，可能会导致权力集中、管理混乱、不公平以及引发矛盾等问题，从而影响整体效率，这对企业实施战略和推动创新发展是不利的。

树立"大人才观"，将全体员工看作不同领域的人才，他们都是公司不可或缺的一分子，是公司珍贵的无形资产。所以，企业领导要尊重他们，信任他们，鼓励全体员工积极参与到管理活动中来。"人才"可以有以下解释：具有德行和才能的人；拥有某种特长的人；指代美丽的人。人才与非人才的界定是很困难的，原因在于人们对人才的概念有着不同的看法。正所谓"尺有所短，寸有所长"，每个人都有自己的优势和潜能，每位职工都有自己独特的学

识、技能和经验，其发展道路是独一无二的。企业要做的，就是提供适当的条件，让每个员工发挥出最大的潜能，调动起他们的积极性、创造性，最终成为"人才"，为企业进一步壮大奠定人才基础。人才是生产力的源泉，是企业发展的重要财富。因此，应该重视人才的培养和发展，加强职业技能和技术培训，大力投入员工教育，不断提升员工的人力资本存量和综合素质，以满足企业的发展需求；创造环境，让员工拥有广阔的展示才能的舞台，帮助员工实现个人价值，只有这样，企业才能获得更快、更好的发展。

（二）构建合理的激励和约束管理机制，激活人才的潜力

心理学家认为，人类具有生理、安全、社交、自尊和自我实现感等需求。针对不同层次的需要，要求采取相应的激励手段。大量的生产实践表明，当员工的合理需求得到满足时，往往能够产生更高的工作效率，带来更好的业绩。为了激发这种积极性，可以从以下方面入手。

（1）建立完善的竞争机制。竞急机制给员工带来一定压力的同时，也激励着员工前行，员工能够在竞争中获得更好的待遇和发展，企业自然也会受益。一项富有挑战性的工作往往能调动员工的热情，满足其工作成就感。在这个过程中，要确保竞争公正、公平，选拔出德才兼备的优秀人才。

（2）以业绩为依据，完善分配激励机制。将员工的实际收入与工作成绩挂钩，形成一种人人努力、人人向上的工作氛围。

（3）科学考核体系。考核是减少员工惰性的有效手段，能够给员工带来压力、危机感。人才往往是在逆境中成长和发展起来的。因此，企业要构建全面、公平、公正的绩效考核体质，赏罚分明，让人才合理流动。

（三）人力资源的优化配置

从直接目的来看，企业的生产经营是为了获得利润，为追求利润的最大化，应当采取有效手段，对人力资源进行科学安排。在配置过程中，人作为核心，是开展一切工作的出发点。为此，企业要在合适的时间、合适的地点，选拔合适的人选，让工作得以顺利、高质量的完成。同时，给予员工满意的薪酬，而这些都需要建立有效的薪酬分配机制。另外，企业为获得进一步发展，应当结合内外环境条件以及自身实际，充分利用各种要素，不断提高管理、运营水平，通过合理配置资源，协调解决配置过程中遇到的问题，以达到最佳效果。

（四）构建良好的企业文化，提升企业凝聚力

企业的文化氛围，直接影响员工潜能的发挥。现代企业管理实践表明，当企业环境和谐、融洽时，领导层公正廉洁，内部员工的学识、技能与经验得以充分发挥，员工个人与企业得到共同发展。注重企业文化建设，以优秀的价值理念、文化熏陶、引导员工，有助于增强团队凝聚力，发挥合力效应，为企业创造更大的财富。良好的企业文化有着正向的促进作用，往往能渗透到工作的各个环节，帮助企业改善管理制度，使其更加有效地运作，从而提升企业的效率和绩效。

文化是企业的精髓，是企业的性格、价值观的体现，对员工的行为有良好的规范、引导功能，同时在调动员工工作热情、激发员工工作潜能，从而实现共同目标方面有着积极作用。不可否认，注重企业文化建设，树立良好的企业形象，是企业得以长期稳定发展的保障。在拥有良好文化的企业中，领导与员工得以真诚相待，领导亲和友善、员工尽职尽责，彼此都十分满足，员工对企业的归属感、忠诚度大大提升。因此，对于人力管理者而言，应当以诚信为先，以身作则，以实际行动来推动管理制度的落实。

（五）依托信息平台，面向社会，挖掘更多高质量的人力资源

信息是企业在生存发展过程中的重要媒介，在现代人力资源管理中扮演着至关重要的角色。在现代企业管理实践中，信息融合于每一个环节，发挥导向作用。因此，开发、利用信息资源的工作不容马虎，企业需要能够借助互联网平台来迅速掌握、消化、吸收、运用各种相关资料，为企业决策提供重要依据，这对企业发展的重要性不可谓不大。同时，公司要立足自身实际条件，建立和完善招聘制度，拓宽信息渠道，借助各大平台了解社会人力资源市场，招聘外部优秀人才，根据"因岗设人"的原则，改善一些岗位人才紧缺的局面；将"走出去"与"引进来"相结合，为公司生产经营奠定人才基础。

伴随21世纪世界经济一体化的加快进程，人力资本已变成企业的核心，其重要性不能忽略。人力资源管理部门已经从一个功能性部门转变为一个更加重要的组成部分，为企业的经营提供支持。企业应该加强人力资源部门与业务部门的合作，以便更好地实施战略性人力资源管理，以实现快速发展。在竞争日趋白热化的环境中，通过技术创新和改革，企业才能实现真正的发展和成功，拥有财富和竞争优势，这是在竞争日益激烈的市场中保持领先地位的关键。

三、新时代下企业人力资源激励机制需要进行创造性研发

（一）创新性激励体制研究

下文就上市和未上市企业的人力资源激励机制进行深入探讨，以期提出创新的解决方案。

1.上市公司人力资源激励机制的创新性表现

（1）业绩股权激励。企业通过提供股票或基金来支持员工的业绩表现，即"业绩股权"。为了鼓励员工实现预期目标，公司会推出业绩股权激励机制，来激励员工不断努力，取得更好的成绩。通过给予员工一定数量的激励资金，部分或完全用于购入本企业的股份，以调动员工的积极性和创造性。

以某公司为例，在制定股份激励方案初期，由于公司主要业务总收入贡献率达到100%以上，盈利强劲，在其他条件不变时，采用业绩股权激励模式，将奖励分发给那些达到了预期目标的员工，取得了不错的反响效果。这种做法是人力资源管理创新后，从而发现的价值的变化，是国内激励体系的典型案例。然而，随着时间的推移，该公司的收益出现了下降的趋势，这给受激励者带来了不小的损失，加上期望得不到实现，心理上出现了一定的失落感。

该公司这一创新机制，在初期能够有效地激发员工的积极性、创造性，大大提高了人力资源的效率，为企业带来了可观的效益。但随着股票收益率降低，员工并未得到应有的激励，从而带来一系列负面影响，这种情形实属人力资源管理者的意料之外。由此可见，企业应该谨慎对待这种情况，做到管理与人力资源激励机制的创新相结合，以提升管理效率和激励效果，实现更高的绩效目标。

（2）管理层收购（MBO）激励。MBO，一种通过收购或融资来提升公司管理水平的方式。管理者通过购买公司股份，改变公司资产和内部控制结构，以提高公司的竞争力和效率，重组公司以获得预期的效益。这一激励举措承认了管理者是企业的重要资源，认可了人力资源管理的重要性。一个典型案例是，MBO方案为河南某公司带来了巨大的收益，使其在业界备受赞誉。具体做法是，管理者和公司员工共同投资认购股份，使他们同为所有者地位，二者形成一个互相依存的联盟。但这种创新激励机制有一定的局限性，对于资金匮乏的员工而言，效果并不明显。

（3）股票增值激励。企业员工可以在未拥有股票所有权的情况下，通过持有股票来获得增值收益，获得一定数量的股票股价上升所带来的收益。例如，某公司采用了股权激励模式来鼓励员工努力工作，不断提高业绩，为企业带来更多的收益，从而促进股价上升，员工也能从中获取一定收益。但是，这种创新机制，由于股价上涨的影响因素众多，不确定性较大，因此，对于那些拥有股票增值权的员工来说，这是一个挑战。尽管这种方式相对简便，但由于它牵涉的专业知识不少，因此要求也相对较高。

（4）员工持股激励。员工持股计划旨在鼓励员工购买公司股票，以获得更多的收益，并为公司带来更多的发展机会。采用企业集中控制的产权组织形式，可以有效地激励持股者，促使其努力工作、开拓进取，从而实现共同发展。这样一来，员工不仅拥有"劳动者"身份，还扮演"股权所有者"角色。这可以通过两种方式来实现。

①通过直接购买原股东持有的股份，企业自行建立信托基金组织来管理股票，根据有关规定出售给员工，以确保公司的长期发展。

②通过信托基金组织不定期回购股票，按照发放计划定期向本企业员工出售股票，提高员工的收入水平，实现资金的有效利用和投资回报。

2.未上市公司人力资源激励机制的创新性表现

对于未上市企业而言，人力资源激励机制的初衷是激励核心员工，以及提升整体的管理水平。对于管理层和重要的核心技术人员，以薪酬、奖金形式进行激励，但一定程度上忽视了对普通员工的激励。

（1）设置晋升通道的激励。建立完善的晋升机制，以确保员工达到一定的标准后能获得相应的职位晋升。实践证明，大多数员工能够按照设定的目标努力工作，这种机制有助于激发员工的积极性，实现预期目标，让公司获得可观的收益。然而，如果机制中存在不公平的现象，就会影响到整体的效率和效益，一旦发生弄虚作假的情形，将带来一系列负面影响，大大削减员工对企业的信任感，员工工作的积极性和创造性难以充分发挥。

（2）企业文化宣传培训激励。文化是一种有效的鼓励人才的方式，在现代企业中起着重要作用。员工定期的企业文化培训，使企业的价值观融入员工的思想中，保证企业和雇员价值理念的统一性，所以，人力资源管理者必须意识到这一点，给予员工足够的尊重，留住更多优秀人才。同时，在制定企业发展战略规划时，考虑员工的个人发展，将二者结合起来确定企业文化的内容，让员工真正愿意为公司付出，为公司发展而努力。企业只有考虑了员工的需要，员工才会考虑企业的发展。

（3）目标考核激励。制定明确的目标考核激励机制，在员工开始工作时，帮助他们更好地完成岗位的任务，并取得更好的成绩。完成目标后，员工将获得期望的薪酬报酬或职位晋升，这种激励将在短期内激励员工的主动性和创新能力。

激励机制的有效性取决于目标的合理性，因此，在制定目标时，应该充分考虑目标的适当性，以确保员工的工作热情高涨。当目标难度较大时，员工可能会感到巨大的压力，工作积极性也会降低。相反，当目标难度较小时，员工的潜能可能会得到释放，但不能得到最大的发挥。

（二）新时代企业人力资源创新性激励机制路径

1.激励机制建立在公平、公正的基础上，以满足企业经营管理的需求

建立一个公平的激励体制对于大多数员工来说是非常重要的，因为它能够帮助他们更好地工作和发展。企业应当提供公平竞争的机会，通过公开、透明的考核机制来评估员工成绩，根据员工表现提供相应的报酬和奖励。通过努力工作，员工可以获得相应的激励，自我提升的机会也更多。这种激励机制能够在员工内部产生正向的激励作用，促使员工激发工作热情，将工作完成得更快、更好。同时，将员工个人价值与企业利益紧密结合，有利于实现共赢。

2.建立多重性激励机制

在如今这个信息大爆炸的时代，企业面临着各种各样的市场，内部员工也面临着各种各样的挑战，结构层次呈现多元化特点。面对不同年龄段的员工，企业应当立足自身发展实际，制定多重的奖励机制，根据员工的实际表现给予相应的奖励与认可，更好地满足企业内部员工的需求，并为他们提供更多的发展机会。这样一来，不仅员工需求得到了满足，企业也得到了发展。

3.激励机制要客观

构建企业人力资源激励机制既要基于企业的经济实力，也要符合国家的政策和法规，以促进企业的发展和进步。激励机制的建立必须在有关政策的支持范围内进行，这是客观前提。

为了充分调动员工工作的积极性、创造性，使他们能够更好地实现公司

的目标，同时让优秀员工在工作中更加敬业负责，进一步提高公司的总体能力，使企业在激烈的市场竞争中立于不败之地，改善、完善和创新企业人力资源激励机制是重中之重。

第四节　企业财务组织管理

财务管理是一项重要的工作，它涉及企业的资金、生产成本、其他费用、经济效益等收支项目。控制和监督机制是企业的组成部分，它们在现代企业中扮演着重要的角色。财务管理是企业获得最佳经济效益的关键因素，它能够直接而有效地影响企业的发展和成功。优秀的财务状况是现代企业管理决策的关键，它能够实现收益与流动性的平衡。此外，企业的财务形象已成为其重要的外部标志，成为其运营目标的核心因素，表现为财务目标。

一、我国企业财务管理现状

改革开放以来，随着现代企业制的建立，我国企业财务管理水平有了明显的提升，在目前依然存在一些不足之处，尤其在组织结构、资金管理方面，这与新时代下企业持续健康发展的需求不适应，具体表现如下。

（一）资金筹集渠道单一、管理有待完善

对于大部分企业而言，往往需要借助银行贷款得以维系，获得发展。由于目前尚未建立适应新形势的融资模式，资金筹集渠道缺乏创新性和灵活性，加上资金投入不足，阻碍了规模化经营。此外，从使用方向来看，资金投向不够科学，企业没有形成完备的资金管理体系。由于良好的投资管理体制的缺失，加上战略性规划和科学管理不甚重视，这会给企业的生产经营过程带来一系列挑战。无序的投入、资金使用效率不高，使得规模化目标无法实现。

（1）企业内部层级、势力范围固化，资金的集中管理、统一调配难度大，不利于最大限度发挥资金功能。

（2）企业内部资金的沉淀过多，资金的有效利用率不高，致使沉淀资金的最大的价值得不到释放。

（3）企业未能充分利用资金的灵活调配优势，导致部分部门出现资金短缺问题，从而影响了增值效应的发挥。

（二）有效的约束激励机制亟须健全

成本管理是企业财务管理中不可或缺的一部分，我国企业在这方面的实践已经取得了显著的成效，但成本核算体系不规范，以及成本开支范围不够明确，使得整个财务管理体系尚未完善。由于缺乏有效的成本控制和管理，企业的竞争优势得不到体现，在市场中的竞争力大打折扣，这对于企业的持续健康发展是不利的。

二、财务管理观念的更新

伴随知识经济时代的来临，公司财务不得不采取新的财务方式来应对这一挑战，而首先要改变的就是财务管理理念。

（一）人本化理财观念

人类的发展是人们的共同愿景，人是发展的重要核心动力，更是发展的目标。

在扮演体验者的角色中，人类的自我发展被提升到了经济和社会发展的核心位置，从而推动了社会的进步和发展。显而易见，注重人的发展和管理理念已成为现代企业管理经济发展的核心，更是知识经济的重要组成部分。因此，公司的财务管理项目必须符合客观需要，并且由专业人员开发、操作和管理，以确保其有效性和成果。具体来说，就是要以"以人为本"为指导思想，在财务活动中体现"人性化"管理，建立责任与权利的有机结合，以实现财务活动的有效管理与控制，加强对员工的激励和约束，从而调动起员工的工作热情，提升企业的效率和绩效。

创新思维是中小企业达成理财效果的关键，也是财务活动进行的基础。在如今的市场经济中，竞争与合作是一个重要的财务观念，它引起了人们的广泛关注。

随着市场环境愈发复杂、形式波诡云谲，企业之间的合作已经成为一种普遍现象。

在这个经济时代，信息的传播、处理和反馈速度以及科技的进步速度均越来越快，这就必然加剧了市场竞争的激烈程度，这意味着谁在信息和知识共享领域占据主动权，谁就能够获得成功。

与此同时，信息的网络化，加上科技的不断发展和经济全球化趋势的加强，企业要想获得更快更好的发展，彼此建立有效的沟通与协作是根本出路。鉴于此，企业财务管理人员应该不断努力，以提高在财务决策和日常管理方面的能力，以实现更好的效果；把握机会，拥有适应各种挑战的能力，在激烈的竞争中，充分发挥自己的优点，避开不良影响，实现效益最大化。企业应当积极建立和维护与其他企业的财务关系，以确保双方都能获得最大的经济利益。

（二）风险理财观念

在当今的市场经济下，市场机制的运作对每一个市场主体既意味着机遇，也意味着风险与挑战，由于不确定性的存在，遭遇损失的危险是任何一家企业都难以规避的。在互联网知识经济时期，由于受到各类因素的负面影响，人们将面对一定的经营风险，这种经营风险可能会带来巨大的挑战和机遇。所以，公司财务管理人员应当建立科学的财务风险观，能够根据实际的客观环境随机应变，通过科学预测并采取相应的预防措施，以减少市场变化带来的不确定性因素，从而实现可持续发展。

（三）信息理财观念

随着市场经济的深入发展，所有的经济活动都需要快速、准确、完整的信息作为指导，以实现最佳效益。信息已变成市场运作的缺一不可的部分，尤其是在知识经济时代下，数据变得越发关键。以数字化技术为基础，数据高速公路的建设为推动力，正引导着一场新的IT革命，使数据的传播更加便捷、高效。借助网络信息技术和通信技术，贸易决定可以在瞬间实现，因而极大地提升了经济的效率和效果；"媒体空间"和"网上实体"应运而生，打破了交易的时空局限性，意味着随着知识经济的发展，现代企业要顺应这一趋势，也须要做出调整。对此，公司财务管理人员应该正确建立信息理财理念，从全面、准确和可靠的角度进行管理；通过快速、有效的信息收集、分析和利用，更好地进行财务决策和资金运筹。

（四）知识化理财观念

现如今，知识已变成发展的中心力量，作为一种生产要素，它是经济增长的源泉，是知识经济的中心支柱。未来的财务管理将更加注重知识化。企业财务管理人员应该重视创新，为此，需要树立知识化理财观念，不断提升自身的财务管理能力，企业需要将财务管理人员的决策与其自身利益挂钩，确保财务管理人员在工作中尽职尽责。

三、财务管理目标的创新

当今，全球学界普遍形成一个共识——现代企业财务管理的核心目标是让股东获得最大的收益。与"利益最优化"相比，这一财务目标认识取得了巨大的进步。然而，一个科学的财务管理目标不能局限于与工业经济时代发展的需要相契合，应当与知识经济发展相结合，以实现更高效的管理。在新的时代下，企业财务管理的目标不仅仅是股东的利益，还应该考虑其他相关主体的利益以及应承担的社会责任。

在知识经济时代下，社会资本的规模和构成都发生了巨大的变化，新的资本形式也随之出现。在这个结构中，物质资本和知识资本的地位有了变动——物质资本的地位相对下降，随着时间的推移，知识资本的地位会有所提升。这一重大变化将会对企业的知识资本产生重大影响，在知识经济发展时期，"关联利益主体"与股东一同享有对企业的权益，更多的财富和权力被投资者所拥有和利用。公司的股东、雇员和客户都为公司投资了专用资金，可以根据贡献的大小对收益进行分配。

因此，新制度学派认为，公司的权益应当是一切参与者的共享权益，而不单纯是股东的权益，这是不容置疑的。《公司法》明确规定，公司的经营者不应仅仅为股东服务，还应该服务于相关利益主体，为员工谋利、为顾客谋利、为股东谋利。上述一系列变化体现了时代的进步，是知识经济时代对现代企业管理的新要求。

（一）财务目标多元化

对于一家企业而言，财务目标不仅要实现资本所有者的财富增值，还要确保债权人的合法权益，以实现最大的收益。企业应当着重考虑如何最大限度地提高人力资本所有者（经营者、员工）的薪酬收入，并让他们参与到企业的税后利润分配中。

（二）财务责任社会化

财务管理应该从利益相关者的层面入手，不仅顾及资本投资者的财务需求，还应当在财务上充分考虑社会责任，以确保企业的可持续发展。与物质资源相比，知识资源的共享性和可转移性使得企业与社会之间的联系变得更加紧密，它不仅拓宽了企业与社会的视野，而且深入到了每一个角落，这是两种资源的显著差别所在。企业如何获取和利用知识，取决于社会如何形成和发展知识，以及知识对企业发展的贡献程度。因此，企业理应承担一定的社会责任，以此来实现其经营目标，并为社会带来更多的福祉，建立正确的企业形象，不仅有利于自身的蓬勃发展，也有利于整个人类社会的前进。

企业要积极践行社会责任，保护公众利益、维护生态平衡、防止环境污染，并为社会发展作出贡献。在参与社会实践的过程中，企业能够在社会大众面前树立良好的形象，不仅可以帮助企业实现其经营目标，而且还能够为社会大众带来积极的影响。因此，在知识经济时代，企业应该努力建立良好的形象，以便更好地利用知识资源和物质资源，营造一种可持续发展的社会环境。随着企业社会化程度的加深，在财务管理目标结构中，社会责任占据了相当重要的位置。

四、财务管理内容的创新

在工业经济时代，企业财务管理的重点放在物质资源的管理上，以满足企业的经营需求和发展目标。管理旨在通过筹集、投入、收回和分配物质资本，以及实现实物资源的有效利用，来实现经济发展的目标。进入知识经济时期，企业的组织结构和知识资本占据了主导地位，这将对日常生产管理产生重大影响，这是现代企业财务管理的核心。因此，随着知识资源成为企业财务管理的重点关注对象，为确保企业财务管理的有效运作，管理内容的调整是必然的。

（一）融资管理的创新

企业融资的关键，在于以最低的成本和最小的风险获得各种形式的金融资源。

企业应该加强融资管理技术创新，将重心从金融资本转移到知识技术上来，以促进经济的发展和增长。随着时代的发展，知识资本正在逐渐取代传统金融资本，成为知识经济的核心力量，这是一个不可逆转的趋势。

知识资产证券化进程的加快，为企业提供了一种有效的融资渠道，以实现知识资本的有效流通和利用。企业的边界不断扩大，为知识资本的流通提供了更多的可能性。无形资产将成为企业发展的重要支柱。重新审视投资决策，在新的资产组合中，专利权、品牌权和企业机密是基础知识的组成部分。无形资产，如信誉、计算机技术软件、人员质量和服务创新能力等，将会得到更多的关注。

（二）投资管理的创新

自从我国加入WTO，国内市场国际化和国际市场国内化得到同步发展，本土企业也在积极向海外市场领域扩张，投资不再局限于国内市场，还积极参与到国际市场竞争当中。然而，企业在走向国际的过程中，会面临更多的风险与挑战，如国际市场上的外汇风险、利率波动、通货膨胀以及东道国政治动荡和法律政策变化等，这些会增加企业的财务管理难度。因此，公司需要开展全面而细致的可行性调查，通过量化和定性的分析，确定最终的决策评估指标，并聘用专业的财务顾问，以确保决定的准确性和切实可行，有效地避免投资的盲目性和风险，同时采取相应的防范措施和控制手段。

在知识经济时代，管理作为财务管理的关键组成部分，具有重要的意义，它受到以下因素变动的影响，这些因素对企业而言是重大考验。

1.信息传播、处理、反馈速度加快

如果一家企业能够及时反馈，并且对内和外部信息披露充足，那么它将会大大提高回报的速度；如果企业管理未能及时处理来自内部和外部的信息，将会导致企业的发展受到严重的影响。通过有效地选择和利用资源，企业可以有效降低决策风险。

2.知识积累、更新速度加快

如果一个企业及其员工无法适应社会的发展，做不到与时俱进，对当前的知识结构不及时更新，就无法根据内外环境的变化进行调整，很容易陷入被动，企业面临的风险也会随之增加。

3.产品的寿命周期缩短

随着各种电子、计算机等高科技产业的进步，产品使用周期大大缩短，如果不及时更新，不仅会增加成本，可靠性也会降低。

4."网上银行"和"电子货币"的出现

媒体空间的无尽扩张会给企业带来更大的库存问题，增加产品设计和开发的难度。加上全球范围内资本流动速度的加快，资本交易打破时空束缚，货币形态发生质的变化，一定程度上增加了货币风险。

5.无形资产投放迅速，变动大

无形资产不像传统的金融工具那样容易清楚地划分出期限与阶段，这加大了投资风险。鉴于此，中小企业应该采取有效措施，不断创新发展，有效地预防和抵御各类经营风险和经济危机，以实现持续增长和可持续发展。成功的财务管理需要不断努力，成功解决一系列重要的挑战。

（三）财务分析内容的创新

通过财务分析，可以评价公司过去的表现，判断当前的风险，并预见未来的趋势。企业未来发展的关键在于如何有效地利用知识资本来提升经营业绩和财务状况。随着知识资本的不断发展，财务状况和发展趋势受到了越来越大的影响，因此，对知识资本的分析也变得越来越重要。财务分析的内容如下。

（1）评价知识资产的市场价值，定时发布报告，并披露相关信息。公司通过技术创新、人力资本投资和顾客忠诚度提升，达到了信息收益的最优化，从而提升了公司的核心竞争力。

（2）公司为提升核心竞争力，应构建一套考核知识成本的指标，为评估自身能力提供参考，内容包括创新指标、效率、市场价格、稳定性、知识资本与物质资本的匹配程度以及其他相关指标的评估和综合指标。

（四）财务成果分配方式的创新

财富分配取决于经济增长中各要素贡献的大小。现如今，知识资本作为影响经济发展的主要因素，逐渐成为财富分配的核心。对此，企业需要革新薪酬分配体系，完善分配机制，这要做到以下几点。

（1）认识人力资本在企业财务利润分配中的重要性，提高人才待遇，以促进创新，激励知识型员工发挥其最大价值。

（2）重新审视以工作量为基础的业务模式，以提升效率和效益。应用经济价值树技术等绩效评估系统准确地识别出员工和团队的贡献量。

（3）建立一种基于个人价值的合理分配机制，以促进个人的发展和成长。通过期权、知识报酬、员工持股以及职业投资信托等方式来激励员工。

五、财务管理手段的创新

随着世界的发展，企业超越地域和国界的产品营销行为变得越发频繁，这也改变了传统的商业模式。随着企业财务管理的需求不断提高，传统的理财方式已经不能满足当前的需求。因此，采用网络财务管理系统显得尤为重要。网络财务的发展已经极大地改变了财务信息的传递和处理方式，这是网络技术的进步所带来的。基于网络环境的财务管理模式和财会工作方式，帮助企业实现更高效的管理和运营。通过信息化的财务管理系统——互联网财务管理可以达到多种功能，如财政与业务的协调、数据分析、决策支持等信息无纸化；资金收付电子化；工作方式网络化等。

六、财务报告模式的创新

随着时代的发展，人们对会计信息的要求也在变化。他们不仅需要熟悉公司的过去情况，还应该深入理解公司未来的发展，以及可能出现的挑战和机遇。可见，财务信息的重要性不容忽视，特别是要关注知识和技术如何为企业带来收益。由于知识经济的发展，企业为了获得更好的发展，必须对传统的财务报告模式进行改革。

（一）增设无形资产等重要项目的报表

无形资产是未来财务报告披露的重点，它涵盖了各种形式的资产，包括数量和价值。除了技术方法、预测价值和实际使用时间等信息内容，还需要添加其他非财务信息内容，如公司经营业绩、前瞻性和历史背景的全面资讯，为企业决策提供科学的参考依据。信息使用者根据这些信息，可以分析企业的未来收益和承担风险的能力，评估其经营状况。

（二）增设人力资源信息表

为了方便对企业内部的人力资源进行管理，提高人力资源的利用效率，让企业每一位人才充分发挥其潜能，做到"人尽其才、才尽其用"。公司财务应当制定人力资源信息表，方便清晰地展示企业人力资源的组成、年龄结构和文化背景，技术创新能力，人力资源投资、收益、成本和费用等方面近年来的变化，这些改变将对公司的未来发展产生重要影响。

（三）披露有关社会责任方面的内容

企业应当发布其履行社会责任的信息，以便公民对企业形象有大体的认知。企业要实现可持续发展，就必须主动承担起相应的社会职责，在谋求利润的过程中，注重保护生态环境，要树立长远目光，不局限于短期利益。因此，企业要主动提供关于自然资源耗费、土地资源使用和污染等相关方面的情况，让社会公众了解企业发展状况，以及企业在生产经营过程中采取的环境保护措施，帮助信息使用者更好地进行投资。

第四章　现代企业制度的创新发展

第一节　现代企业制度存在的问题

在传统管理体制下，企业管理存在随机、易变、主观、偏见等问题。而在制度化管理下，这种状况得到了明显的改善，管理呈现科学化、规范化、法治化趋势，为现代企业持续、稳定地发展提供制度保障。然而，从企业实践来看，在大多数员工看来，不合理的制度化管理造成工作的僵化，使其积极性受挫。这一问题的根源并非制度化自身的缺陷，而是企业管理制度有效性的缺失。

一、管理制度有效性的界定

（一）管理制度的内涵

企业管理制度，指各种特定经营管理行为方式与关系的行为准则，对企业的生产经营活动起着约束、调节作用，是将在长期管理实践中形成的全体员工遵守的习惯，以文字形式确定下来的条例、规范等。将企业一些周而复始的行为进行程序化、标准化，就是企业制度化管理，集中反映了企业精神和理念，对员工的工作行为起到了重要的导向作用，明确规定了"可以做""不能做"等事项，以便企业领导对组织的控制、管理。规范、约束职工行为的管理制度，反映了企业刚性的一面，有助于企业的稳定发展。

现阶段，我国大多数企业在经历了残酷的资源竞争后，进入了制度竞争阶段，为保障企业的可持续发展，制度管理，尤其是有效的制度管理是现代企业创新管理的当务之急。

（二）管理制度有效性的内涵

根据管理学理论，在分析企业经营活动及其实效性时，一般从效益、效率方面入手，这也是制度化管理的切入点。

1.管理制度的效益问题

企业管理制度用于指导员工的日常工作事务，能够大大减少企业管理者的工作量，使其有更多的精力来制订整体战略规划，科学安排现有资源，为实现预期目标而努力。由此可见，管理制度以企业战略目标的实现为出发点和落脚点，其效益表现为对组织目标的支持程度。

2.管理制度的效率问题

一项优秀的管理制度，往往在执行力方面无可挑剔，有助于组织运转的稳定，体现公平与效率原则，减少了管理的主观性、随意性。当企业员工由衷对管理制度认同时，便会自觉遵守它，为共同的目标而努力奋斗、开拓进取，不断提高工作效率。

因此，有效的管理制度，一方面，体系完善；另一方面，被高度认同。当满足这两个条件时，企业日常经营将井井有条，宽松、融洽的工作环境让员工的工作积极性、创造性地得到充分的释放，有助于组织目标的达成。在实践中，企业管理制度不可能出现绝对高效和完全无效的状态，而是介于二者之间。管理制度有效性能反映企业的管理现状及其水平，让管理者进行思考，针对管理中的问题，采取有效措施予以解决。

二、我国企业制度化管理现状及成因

（一）国内企业制度化管理现状

经过40多年的改革，国内企业在长期的发展实践中，不断提高制度化管理水平，以便适应日益复杂多变、激烈异常的市场环境，并取得了卓越的成效。但是，在实践过程中依然存在一些不足之处。

1.管理制度体系性不强

从管理制度完成程度来看，部分企业尚未建立完善的管理制度体系，致使日常经营管理缺乏有效的规范，一些环节存在"制度空白"，造成的后果就是，企业权责关系混乱，员工在实际工作中由于没有制度的指导，显得无所适从，事事需要上报，工作积极性严重受挫，而企业管理者需要花费大量时间与下属沟通日常事务，工作繁重。

2.管理制度执行力不足

管理制度的执行力与员工对规章的认同程度有关，认同度低，遵守的人自然少，制度落实效果不尽如人意，企业运转效率不高，影响后续的发展。一些企业存在"有'法'不依、违'法'不究"的情况，管理者的决策随意性强，采取的是"人性化管理"，员工得不到公平对待，真正有能力的人才由于权益受损，选择跳槽。此外，员工醉心于人情世故，彼此之间钩心斗角，无暇事业，工作氛围较差，这对企业来说是致命性打击。

由此可见，管理制度体系性不强、执行力不足，使得组织内部工作环境不佳，员工合法权益得不到保障，工作积极性不高，企业业绩上不去，目标无法实现，甚至面临被淘汰的风险。

（二）成因分析

1.管理制度体系不完善

优秀的管理制度以健全的制度体系为保障，在构建过程中，要立足于企业的战略目标，结合内外环境的变化。为了实现对组织的管理、控制，规范员工日常工作行为，制度管理是必要的，也是必需的。现代企业，应当自上而下——上至企业战略，下至企业日常事务，建立一套包括决策者、管理者、执行者在内的完善的工作流程，以提高工作效率。

现如今，大多数企业都意识到了制度管理对自身生存发展的重要性，很少存在完全的"制度真空""制度缺位"状况。但从实践来看，相当一部分企业是出于解决例行事务，实现例外事务向例行事务工作转变，减轻管理者工作负担这一个角度考虑的，采取的是"自下而上"的管理模式。该做法过分强调外部环境和迫切的内部需要，却没有意识到整体战略对制度的导向，简言之，管理制度的制定没有从企业战略的角度出发，一些主体往往是出于自身功能需要来设计有关制度的，忽视了部门之间的衔接性，难以形成有机的整体，很容易出现冲突，这无疑加大了制度落实难度。

2.管理者定位偏差

管理制度的有效性要求管理者权威与制度权威是平等的、一致的。管理者的权威，一般源于职位（由组织领导者赋予的，对员工奖励或处罚的权威）及自身（因知识技能水平、良好的性格让员工尊敬形成的）。制度权威反映在对员工行为的规范、引导、约束方面。在既定企业分权制度下，制度权威的大小与管理者第一类权威的大小成反比。所以，制度化管理水平高的企业中的管理者，往往树立的是第二类权威，在帮助、支持下属工作，获得下属的尊敬、景仰中积累、形成的权威，这种权威更具说服力。

在企业管理实践中，大多数企业管理者缺乏必要的职业化管理水平，不愿或无法指导员工的工作，帮助其完成任务，在日常管理中过分追求第一类权威，将自己单一地定位于奖励、惩罚员工的角色，以重用或排挤等方式试图在员工中树立威信，以贯彻个人意志，表现为出于维护自身权利，来制定管理制度，对员工的合理需求视而不见。更有甚者，在管理中表现一定的随意性、主观性，公然违反制度，企图通过这种方式树立自己的权威，建立所谓的人脉关系，为自己攫取更多的利益。

三、管理制度建构注意事项

1.转变思想观念

企业要想获得成功，不仅需要合理的"除弊"制度，还需要有效的"兴利"制度。企业管理制度，不能局限于规范、约束员工的日常工作行为，还要考虑能否激发员工工作积极性、创造性，起到"助推器"的作用。因此，管理制度的建立要贯彻以人为本的理念，尊重员工、信任员工，给予员工合理的待遇，考虑员工的发展需要，将企业发展目标与员工发展结合在一起，形成一个良性循环的格局，帮助企业注入新的发展活力。

2.内容的革新

以实现企业战略目标为指导，摒弃那些与企业发展目标相背离，"为控制而控制"的制度；将目光聚焦到充分激发员工潜能和创造性，为企业创造更多财富，有利于企业的可持续发展的方面，最大限度发挥管理制度的激励、凝聚功能，对企业资源进行科学配置，合理开发、培养、使用人力资源，建立起"除弊"与"兴利"并举的有效管理机制，在二者之间达到一个平衡。

3.吸纳、听取合理建议

一个人的力量终究有限，企业管理制度要确保全面、有效，应当集大家之智慧，善于听取一线员工的看法，采纳其中的合理建议，这样制定出来的管理制度才具有信服力和说服力。此外，企业可以在立足自身实际情况的基础上，借鉴其他成功企业的优秀管理经验，探索具有自身特色的科学管理制度。

4.制度建设贯穿生产经营全过程

把握企业生命周期，在企业成熟、衰退期时，注重"兴利"制度建设，进一步激活员工创造活力，留住优秀人才，为企业的可持续发展提供保证。

5.评价、反馈

针对管理制度实际落实情况，及时进行评价，确保评价的全面、客观，发现管理中存在的问题和矛盾，采取有效措施予以解决，进一步完善管理制度，提高企业管理水平。

管理制度对于任何类型的企业，在企业的任何发展时期，都不会过时。管理制度，作为开展生产经营活动的"导向标"，值得管理者认真对待，需要做到与时俱进，以便企业持续焕发发展活力。因此，企业管理者要从"除弊""兴利"两个角度出发，努力营造宽松、和谐、民主的管理氛围，让员工感到亲切，管理制度的制定要能够考虑员工的合理需求，形成企业依靠员工、员工依靠企业的互相促进、互惠互利的良好局面，这在提高企业核心竞争力，占据更多市场份额中有着积极作用，是企业获得更好发展的保障。

四、提高企业管理制度有效性的对策——学习型组织

学习型组织，是一种旨在培养良好学习氛围、发挥员工积极性、创造性的高度柔性、扁平的、符合人性的、持续发展型组织，它能够帮助企业较好地应对外部环境的变化，提升组织的创造活力，使企业始终维持一个较高的竞争水平。由此可见，打造学习型组织是增强管理制度有效性的重要手段。

（一）有助于管理者与员工转变思维理念

学习型组织下，管理者更多的是扮演服务者的角色，基于共同目标，从制度设计、维护工作环境方面，引导员工成才，让员工实现个人价值的同时，企业也得到长足的发展。可以说，管理者的利益与员工的利益在根本上是一致的，员工的业绩越好，越能给管理者带来更多的收益。在这样的关系和定位下，管理者存在"注意力从第一权威的维护转变为第二权威的塑造""工作重心由'奖励、惩罚、重用'到'帮助、激励、指导'""对员工评价由主观的关系亲疏到以客观的工作成绩为标准"的转变，为有效的制度管理制定提供支撑。

与此同时，员工也会有一定的变化，专注于努力提高自身的业务能力，

提高业绩。这样一来，管理者和员工之间便有了共同的目标，不管是出于自身利益的需要，还是实现组织目标的需要，有效管理制度都在其中扮演重要的角色。一方面，管理制度能够减少管理者的工作量，不必在日常事务中耗费过多时间，能够有更多的精力设计整体规划和指导员工；另一方面，管理制度为员工的日常工作行为提供指导，避免员工将过多时间用在请示环节，消耗彼此的积极性。此外，科学、有效的管理制度，要确保其执行力，需要管理者和员工的共同遵守和维护。

（二）提高管理制度设计的科学性

企业在传统管理模式下，目光更多地集中于细枝末节，而建构学习型组织，能够将注意力转向根本的、结构性的和长远的发展规划方面，立足战略整体，做到统筹兼顾，对各种问题进行系统性的思考、分析和解决，建立起一种植根于战略的管理模式。在学习型组织下，管理者会有意识地向有效管理制度靠拢，基于共同的利益和目标追求，与员工达成一致意见。作为管理制度的制定主体，管理者在设计过程中需要将企业现实与未来发展、组织目标与员工个人目标等进行综合考虑，保证必要的物质条件，为工作的顺利开展奠定坚实的基础。这些都离不开科学管理制度，通过规范组织内部成员行为，明确权责关系，让每一位成员各司其职，发挥最大潜能，提高企业运转效率。

（三）推动企业制度的变革

学习型组织以"学习人"假设为理论基础，认为"学习人"都能持续完善自身的心智能力，在积极参与学习的过程中实现发展和完善，激发自身的创新意识和潜能。在这种组织空间下，员工能清晰地感知外界变化与现行管理制度的不适应性，加上经过一段时间的学习有了显著的进步，将对自身和企业有更高的期望，自觉参与到管理制度的创新实践当中。与此同时，员工不仅关注自己的学习，还善于与其他成员合作，学习内容与组织战略有效地结合在一起，使得员工基于自身的创新需求更好地服务于企业的发展需要。

综上所述，学习型组织利于促进企业结构的优化，当管理制度的变革是出于员工自身需要时，员工将表现出更大的工作热情和创新精神，确保相关制度的落地、有效，推动企业的规范化发展。

第二节　现代企业管理制度创新发展的意义与方法

在全球经济一体化趋势不断加深的背景下，我国经济体制改革也进入到新的历史阶段，面对瞬息万变的市场环境和激烈的竞争，企业要想在这场角逐中胜出，关键在于妥善解决自身发展过程中存在的各种问题，尤其是管理方面的。对于那些特殊性或企业独有的问题，管理制度创新是一个可行的路径。归根结底，现代企业必须顺应知识经济潮流，培养领导者、管理者和普通员工的创新意识，不断增强自身的核心竞争力。

一、重要性分析

在生产经营实践中，企业规章管理制度的科学性、有效性，员工的遵守情况以及能否顺应现代市场经济的需要，集中反映了其综合管理水平。然而，从企业管理发展现状来看，有一部分企业领导者过分追求所谓的效益增长，认为管理可有可无、无足轻重，这种认知显然是错误的。事实上，在企业发展到一定阶段后，由于组织结构、领导体制趋于稳定，此时想要实现更高的战略目标，获得更好的发展，管理制度创新是关键选择。因此，在日常业务中，企业应当重视管理制度的建设与调整，将制度规章与组织内外环境联系起来，做到知与行的统一，而不是搞形式主义。总之，无论什么企业，要想在激烈的市场角逐中立于不败之地，必须确保管理制度的时效性，能够围绕社会发展需要和自身目标战略，与时俱进，不断完善。

二、必要性分析

企业在经营管理中的地位取决于企业管理制度的内涵与作用。大量生产经营实践证实，企业发展并非一成不变，它受到组织内外环境的深刻影响，因此，企业需要根据内外发展状况，做好万全准备。从我国企业的现代化进程来看，不少企业的管理制度或多或少存在问题，影响其进一步的发展、壮大，基于此，管理制度创新是有必要的。

（一）顺应经济体制改革和经济增长方式转变的需要

我国正处于经济转型的关键阶段，经过40多年的改革开放，不管是国家经济体制，还是经济增长方式，都有了明显的变化。作为市场的基本单位，企业要想在这样的竞争环境中获得更好的发展，管理体制的革新是根本出路。在现代市场经济下，企业性质有了根本的变动，计划经济体制时期的粗放、以生产为导向的管理模式显然与企业的现代化发展需要不符，为此，需要建立集约、以市场为导向的新型管理机制。随着我国经济增长模式从粗放型转向集约型，为了提高资源利用效率，创造更多的经济效益，企业同样需要转变自身经济发展方式，优化内部结构，即革新管理体制。

（二）在竞争中求生存、谋发展

在国际新形势（经济全球化、一体化）下，企业不仅需要同国内企业竞争，还面临国外企业的冲击。在这样的背景下，提高核心竞争能力是企业的根本出路，为此，需要注重技术创新，利用先进科技手段进行研发，丰富产品种类，降低生产成本、提高产品质量，争取获得更多的市场份额。以上种种都以管理制度的改革、创新为前提。从内容来看，它涉及组织机构变革、职能部门重新划分、工作流程安排等方面。

（三）部分企业缺乏管理创新意识

传统管理制度下的企业，由于有效激励机制的缺失，员工的管理多是强制性的，其工作积极性、创造性被压制，难以激发出来，这对员工自身及企业发展都是不利的。国内部分企业依然沿用的是压制性管理思维，在管理中缺少人情味，一些企业领导者缺乏管理创新意识，管理体制僵化，导致产品的持续竞争能力不强，发展后劲不足，影响企业的可持续发展。基于此，企业管理者要自觉树立管理创新理念，采取有效的激励和竞争机制，打造积极向上、拼搏进取、敢于创新的企业文化，营造浓厚的创新氛围。

（四）部分企业管理过程非科学化

获取利润最大化是企业经营生产的直接目的和落脚点。但是，单一的利润目标会让有关管理者忽视了其他方面的建设，管理上存在不科学、不规范的倾向，主观性、随意性强。比如，内部管理权责不明确，人员激励、决策机制缺失，优秀管理人员匮乏等。为了走出发展困境，现代企业必须摒弃非科学化的管理机制，立足现实情况对管理模式进行调整，以保持企业的竞争优势。

（五）出于现代化和与国际接轨的需要

传统企业沿用的是旧体制的集权式管理模式，结果就是资源利用率不高，可持续发展能力不强，这在现代市场经济下很容易被淘汰。对于现代企业而言，想要在激烈的市场竞争中获取主动权，获取更大的市场份额，要以市场为导向，遵循国际市场管理，针对阻碍规模化经营的僵化体制存在的问题，对组织内部结构进行改造、重组，为企业的运转注入新的活力，增强企业协调力、控制力，以实现一个又一个发展目标。

三、企业管理制度思维观念

（一）市场观念

随着社会主义市场经济体制的确立和深化，企业成为自主经营、自负盈亏、独立核算的市场经济的基本组织单位。在这一条件下，想要获得更快、更好的发展，现代企业需要立足内外部环境实际状况，转变管理理念，顺应市场经济发展需要，以创新思维开拓新的发展领域；同时，结合自身条件，采取各种手段进行管理体制革新，认识和把握市场观念。

（二）生产力观念

大到国家的发展，小到企业的发展、个人的发展，都离不开生产力这一关键要素，彼此之间相互依存、相互渗透，是相辅相成的关系。只有生产力得到发展，社会效率才能提高，国家综合实力才能增长，人们的物质生活水平也有显著的改善。由此可见，生产力是企业一切管理工作的出发点和落脚点所在，其水平的提高与否直接影响管理质量，起到检验管理成果的作用。从本质上来看，企业的发展过程是生产力提高的过程，是实践经验活动效果的集中表现。因此，企业需要树立生产力发展理念，为构建现代企业管理制度奠定基础。此外，从表现内容看，企业生产力涉及生产产品和经济效益方面，其中，生产的产品应符合消费者多元需求和个性化需要，保证管理质量，以便获得更多客户的青睐，扩大市场份额。在效益方面，为让追求的效益更切实有效，需要围绕企业自身经济效益制度进行，做到符合其中。作为一项重要的价值衡量，效益反映了企业投入与产出之间的关系，比例越高，说明企业管理水平越好。

四、现代企业制度创新内容

（一）企业产权制度创新

随着现代市场经济的发展，传统的产权体制无法满足企业快速发展的需要，在这样的背景下，对产权管理制度进行创新势在必行。

（二）用人制度创新

随着市场经济的深入，在企业日常生产运作中，民主管理逐渐受到重视，传统独裁式管理模式被一种新型的管理机制取代——由优秀的职业经理人对企业进行管理。这样一来，企业领导得以从琐碎的事务中挣脱出来，有更多精力和时间集中于重点项目的管理。在选人、用人方面，这种企业管理制度要求遵循"能者上、平者让、庸者下"的人才原则，坚持唯才是举，让那些真正有才能的优秀人才大展身手，拥有与之才能相匹配的薪资待遇，制定一套科学、行之有效的人事分工与管理体制，采取相应的激励手段予以落实，以便吸引各类优秀人才，真正实现人尽其才、才尽其用。

此外，企业应当注重企业文化的建设，为员工创设优良的工作环境，打造学习型组织，营造良好的学习、互动氛围，激励员工自我管理、自主学习和自我完善，实现预期管理目标。因此，企业的可持续发展，需要坚持以人为本的管理模式，以优秀的企业文化、企业精神管理员工，提高员工工作积极性、创造性，全面提高管理水平。

（三）分配和激励制度创新

在现代企业管理中，要建立健全分配、激励制度，对企业做出突出贡献的职员进行表扬、奖励，提升其职业获得感、满足感，坚持物质奖励与精神奖励的结合，以此调动全体员工的工作热情，让员工自觉参与到生产经营、技术创新当中，激活其主人翁意识。另外，可以采取高报酬的年薪制，增强管理者的事业心和责任感，让其在管理工作中尽职尽责，不断提升自身的管理水平和能力，指导员工一同完成各项业务指标，为企业创造更多的价值。

（四）以市场经济为导向，以过程管理为基础的目标管理

目标管理作为企业管理制度的一项基础性内容，将时间与空间结合起来，在管理的过程中，运用现代管理中的实效理念和动态理念，以突出管理过程，并在此基础上进行一系列管理活动。它突破了计划经济时期的不以产定销的体系，将市场、经济、技术、社会条件等因素进行系统分析，以市场为导向、以过程管理为基础，以客户需求为中心，来研发新产品、开拓新业务，扩大市场份额。

五、现代企业管理制度创新对策

（一）转变管理理念

在大多数时候，企业员工在公司战略性创新认知方面存在一定偏差，仅仅将自己定位于一个旁观者的角色，认为企业创新与自己无关，是领导的事情；企业的兴衰、命运由领导决定，自己并不能左右什么。在这样的认知理念下，企业领导建立的管理制度与员工之间便存在相当的距离，员工对制度的认同感不强。从以往的企业创新案例来看，企业改革、创新由领导负责，这要求领导具备前瞻性的创新理念和卓越的创新能力，对组织从整体上（制度、组织结构等方面）进行创新。这种观点看似正确，实则不然。

从现实情况看，有关企业创新的发言权往往掌握在极少数的管理人员手中，企业管理层被这一传统理念束缚，往往察觉不到制度执行过程的问题和不足，想当然地认为现行制度是有效的，便不会着手管理创新事宜。此外，从不少企业制度管理创新实践来看，该过程具有一定的个人主义色彩，过分重视管理者的意见和看法，忽视了广大员工的创新意识和能力，没有很好地发挥员工潜能，企业战略发展受阻，改革创新道路势必一波三折、困难重重。要解决这一情况，不能一味宣扬领导者的个人理念，而是要探索一种与企业发展相适应，能够得到绝大多数员工认可、愿意遵守相关制度的创新理念。对此，可以采取有效的激励手段，激发员工工作主动性、创造性，在企业内营造良好的创新氛围。在管理制度创新任务分配方面，要在考虑领导层的同时，兼顾全体员工，让全员一同参与到制度的改革、调整当中，提高制度的科学性、民主性。

因此，企业管理者应当转变管理理念，敢于突破传统管理思维的束缚，针对那些不符合企业发展实际，甚至对企业发展起到阻碍的制度内容进行反思。一方面，综合考虑各种因素，分析这部分内容能否适应内外环境的变化及企业发展的需要；另一方面，对不完善的地方进行调整、革新。事物是动态发展的，管理者需要树立发展的眼光，转变陈旧、落后的思维理念，采取各种行之有效的方法发挥员工的能动性，群策群力，建立一套系统、完善的企业管理体系。

（二）增强企业创新能力

影响企业管理制度创新的因素是综合、复杂的，其中企业创新能力是一个重要方面。克莱顿·克里斯滕森（Clayton Christensen）认为，资源、流程、价值是影响企业创新的主要内容。其中，创新流程有一定的可塑性；在运用方面，资源表现得更加灵活。基于此，要建立一个有创新意义的价值观和组织流程，加快管理制度创新。此时，企业领导层要做的是加大培训力度，帮助员工提高创新创造能力，挖掘他们的潜力。在这样的创新流程中，存在以下几种可能。

（1）企业领导实施新的管理制度，建立新的流程。

（2）从现行管理制度增加创新的规定与管理手段，对企业原有价值观和组织流程重塑。

（3）学习外部组织管理制度，将自身价值观与流程与之匹配。

由此可见，一个独立、新型的平台是企业进行管理制度创新的前提。平台尽管对企业的工作方式、业务内容、组织结构、规章制度等有一定的依赖性，但归根结底要保持其独立性，能够为企业传承、创新组织文化，以及建立一套新型的生产经营模式提供支撑。

新型平台的搭建，要求企业员工具备相当的潜能，最大限度满足客户多元化、个性化的需求。在管理制度创新过程中，企业要将搭建的新型平台与企业可持续发展联系起来，确保创建的新制度有助于企业开拓业务、提高产品在市场的竞争力、扩大市场份额，能够让企业在新的市场环境下站稳脚跟，增强企业的适应能力和竞争能力。

在复杂多变的市场环境下，发挥员工潜能，需要对现行管理制度进行革新，以提高企业的凝聚力、创新力。因此，企业员工具备相当的创新能力是必不可少的。在新管理制度制定的过程中，采取客观的态度看待有关标准，在实践中检验新型管理方法的有效性，对于那些有助于企业发展的管理内容大力宣扬、倡导；淘汰、改造与企业发展不相适应的成分。

（三）注重重大管理问题的解决

在企业管理制度创新的过程中，越是重大的问题，创新的机会也越大。20世纪20年代，通用汽车公司创设管理部门事业部，来解决各种管理问题。当时面临不少问题，一个典型的是"如何对收购的子公司进行编制"。面对公司失调问题，当时的管理者着手精兵简政，设立专门负责制定企业政策和控制企业财务支出的中央执行委员会，并创立负责日常运营的事业部。这一创新手段让企业的管理问题迎刃而解，公司自此进入高速发展阶段，一跃成为全球最大的汽车制造企业。如今，事业部制成为现代企业一种常用的组织形式，它根据员工从事的岗位内容，划分相应部门，对对应的运营环节负责。在企业管理中，事业部拥有一定的经营自主权，员工积极性得以充分调动，效率得到提高。

企业管理制度创新是有效管理的前提，是增强企业凝聚力，发挥企业与员工潜能，提高企业核心竞争力的关键，有助于企业管理制度的完善。在创新实践中，管理者要充分认识到制度创新的重要性和必要性，全面考虑更方便的因素，在科学理念的指导下开展有效的管理活动。

第三节　企业战略与企业产权制度创新

一、企业战略创新

（一）战略创新的意义

战略创新，为更好地顺应组织内外环境的变化、谋求更大的竞争优势，企业根据自身资源禀赋，明确发展方向、业务范围，动态进行资源合理配置的全盘性规划，表现出总体性、竞争性、长远性的特征。它涉及计谋、定位、模式、计划、观念等方面的内容。从某种意义上讲，企业战略决定着企业的目标、路径、方向、格局。

1.战略管理的定义

战略管理，是企业管理的高级层次，学界对它的定义尚未形成统一的描述，但就其主要内容、基本属性达成了共识。它是为制订、实施、实现企业目标计划作出的决策、行动的集合，包括计划、指挥、组织、控制等多个环节；也是形成战略愿景、设定目标、制定和实施，并随时间的推进进行调整的过程。与其他企业管理相比，战略管理是企业面向未来的全盘规划，旨在解决中长期的可持续发展和保持竞争优势的问题。

经过40余年的改革开放，我国企业得到了长足的发展，在生产经营实践中逐渐意识到了战略管理的不可或缺。基于此，多数企业从战略层面设立了专门的战略管理部门，负责战略的研究、制定、执行、反馈、完善等事项，建构起自上而下的战略管理格局。从管理、规划层面上，借鉴外来先进战略管理理论和实践经验，构建起具有中国特色的战略管理体系。

战略管理让企业明晰了"想去哪"和"怎么去"两个问题。从广义上看，战略制定旨在帮助企业认清自身的优势与不足，在机遇与风险并存的环境下推动经营活动的有序开展。作为一项系统性工程，战略管理有对外在环境形式的分析，也有对自身优劣势的把握；有对发展愿景的勾勒，也有对实现路径的安排；有对发展定位的界定，也有对发展战略的选择；有对发展目标的预测，也有对发展部署的细分；有对组织实施的资源投入，也有实施效果的反馈。

综上所述，战略管理内容十分丰富，涉及目标确定、自我剖析、环境分析、方案草拟、战略制定、分析、实施、结果评估等。

2.战略管理的作用

（1）关乎前途命运。一家优秀的企业，不仅关注战术与执行，更强调战略，尤其是后者，与企业未来生存与命运密切联系。企业的战略管理，需要综合各种条件对未来情况进行分析，以谋求可持续发展道路，这对企业家来说是不小的挑战。在实践中，同一行业企业，针对同一形势，做出的判断和选择往往是不同的，从而形成了迥异的战略目标与部署，最终的发展路径也大相径庭。企业要想行进在正确的道路上，首先需要能够科学分析、把握关乎自身的重大战略问题，并采取针对性的措施予以解决。

（2）关乎路径选择。从本质上看，战略回答了如何展开竞争的问题，要求企业有所行动。无论一家企业的实力多么雄厚，也不可能满足所有人所有的需求。从企业家角度看，外部是不确定的未来，内部是资源的有限，他们要做的就是制定一个科学的战略，在有限的资源与不确定的未来当中寻求支点。战略管理过程是对发展路径的取舍，能够将资源优势集中在有助于企业可持续发展的业务重点方面，选择正确的道路，便是"赢家"。

（3）关乎竞争能力。企业要想在激烈的市场竞争中胜出，制定科学、有效的战略是关键。企业管理者采取的战略，直接影响组织的核心竞争力。在复杂多变的市场环境下，要想扛住其他竞争对手的压力，必须注重战略创新，它能够让企业拥有其他企业无法模仿、复制的关键能力，从而获取更多的市场份额。因此，企业需要根据自身实际，明确自身竞争性质和类型，采取行之有效的规划来获得更多的优势。

（4）关乎企业凝聚力。科学的战略管理帮助企业明确发展使命和预期目标，为企业的发展提供支撑和驱动力。从价值取向角度看，战略管理的有效性集中反映了全体员工的意志，有助于增强企业的凝聚力、向心力，群策群力，激发员工工作主动性、创造性，能够克服各种艰难险阻，在解决一个又一个难题中朝着既定目标前进。

（二）战略创新途径

通过整合战略管理各环节，建立起特色鲜明的战略管理模式。不同的学者对战略管理的任务和工作划分存在不同的看法，但基本包括自我定位、环境分析，目标确定，战略制定、分解、实施、评估等环节，明确了各阶段之间的密切联系。有的分为战略制定（内外部分析、SWOT战略选择）和战略实施（组织结构、文化、控制系统设计）两部分；有的分为战略定位、战略选择、战略行动三部分。战略定位是从环境、希望、目标、资源和能力角度出发的；战略选择涉及公司层面、业务单位的发展方向与方法；战略行动涉及管理变革、能力、组织。有的分为战略定位、目标设定、战略制定、战略实施、绩效评估与调整五部分；有的分为使命与社会责任的确定、内外部分析、战略分析与选择、目标确定、战略执行、控制、改进七部分。

在现代管理进程中，国内企业有自身的特色，在这里，可以将战略管理划分为以下几个部分。

1.战略定位

战略定位，指基于公司性质，确定相应的发展愿景、存在价值，以起到激励、凝聚的作用。在企业战略管理中，定位是首要环节，能够让企业明确自身特性、优势，是区分不同企业的一个重要标志。随着经济全球化的深入，企业的竞争不再局限于国内，还来自国际，面临的压力可想而知，在这样的环境下，企业要从激烈的角逐中胜出，需要从全局、整体的角度对自身进行审视，进行战略创新，以保持长期的竞争优势。

这一阶段的任务以明确发展愿景、使命为中心，一些企业还增加了"价值观"内容。愿景针对的是企业对未来的憧憬；使命是企业存在的原因和肩负的责任；价值观是企业内部对事物看法共同遵守的取向、理念。三者的共通之处，在于为企业发展提供一个"标杆"，增强凝聚力和向心力，让全体员工共同努力，朝着企业目标方向前进。从这个角度来看，战略定位属于企业文化范畴，直接关乎管理的成功与否。

（1）战略愿景，是勾勒企业组织目标、未来商业模式、理想竞争状态的"发展蓝图"，为企业发展提供方向上的指引，将企业战略的一些重要意图、想法整合，确保企业实际发展方向与预期的一致性。作为战略定位的关键内容，战略愿景的确定，解决的是"企业是什么""企业将是什么""企业应该是什么"的问题，具有明确的未来指向性。由此可见，企业愿景不能脱离自身实际和外部环境进行随意畅想，它是在立足各种现状基础上的畅想。

在构建企业愿景的过程中，再谨慎也不为过，在坚持企业短期与长期发展相统一的同时，照顾到员工的合理需求。实践表明，一个精当的战略愿景，是企业内因、外部环境和时代要求综合作用下得出的，具有以下特征。

①清晰可见。只要有明确的文字叙述，员工就能在脑海中勾勒出具体的图像，并自觉产生驱动力，积极投身于愿景的实现过程中。

②目标适当。战略愿景，要求具有可实现性，是员工经过努力就能实现的，能够让员工获得职业成绩感和满足感，怀抱希望。

③以人为本，进行人性化管理。采取有效的激励手段，激发员工工作热情，发挥员工能动性，给做出重大贡献的员工物质和精神奖励，让员工的努力与报酬挂钩，彰显优秀员工的示范效应，提高组织运转效率。

④目标细分。有切实可行的具体措施，为组织战略的达成提供明确的指导，将宏观目标分解为一个个微观的解决方案。

（2）企业使命。根据管理学原理，管理是对企业使命的界定，使命的达成依赖人力资源的开发与使用，这对企业家有较高的要求。人力资源的激励与组织是企业领导人和管理者的任务，一般来说，企业使命涉及客户，产品或服务，市场，技术，对生存、增长和盈利的关切，观念，自我认识，对公众形象的关切以及对雇员的关心等要素，应当具备以下要件。

①明确自身业务领域、市场细分、技术专长。

②明确自身的竞争优势和核心竞争力。

③明确自身经营理念。

从某种意义而言，企业使命是其本质特征和存在理由的表征，关乎组织经营决策的指导原则、思想、方向、经营哲学，为企业领导的决策提供重要依据，在战略管理中发挥重要的作用。

企业愿景强调未来发展，使命指明的是未来发展过程中应担负的责任、义务，以及原则与底线。使命的确立，并非简单的"面子工程"，不是作为客户、员工、社会的装饰存在，要求企业立足当下，把握未来，树立良好的企业形象，增强企业凝聚力、向心力，朝着更高层次的目标前进。

2.战略分析

企业战略分析，指借助多种分析手段和途径，了解企业所在行业的市场前景、变迁历程、动态前沿，明确自身的优势与不足，为制订科学、有效的战略规划提供数据支撑。在战略管理中，战略分析扮演重要的角色，它要求企业综合内外条件，进行整体、全面的分析。具体来说，就是利用有效的分析模型、工具和手段，了解组织外部环境和内部发展实际，清楚面临的困境，抓住机遇，充分发挥自身的长处，确保管理层决策的科学性，做出正确的战略规划。在管理实践中，大部分企业很容易忽视战略分析，或多或少地存在工具运用不恰当，分析流于形式，侧重点把握不准确等问题。

20世纪70年代，国际掀起企业战略分析热潮，各种研究方法、研究模型层出不穷，研究视角得到了丰富，如产业经济学研究方法的引进，使得企业战略分析更加系统、完整。根据当时的主流观点，战略分析是组织内外因素综合作用下的结果，强调二者在企业生产经营效率和效益方面的作用。其中，运用到的战略模型、工具一般从外部环境、组织内部、SWOT分析等视角入手。

（1）外部环境分析。从企业外部条件入手，能够分析其下一步发展动向，抓住机遇，有效规避系统性风险。企业的生存与发展，离不开特定的时空条件，"顺势而为"说的就是这个道理。在分析过程中，一般按照宏观环境（PEST模型）、行业环境（五力模型）、经营环境逐层进行，分别就国内外的经济、社会、政治、技术、生态，国内外的进入壁垒、供应商能力、购买者能力、竞争对手、替代品的竞争能力，竞争者、债权人、客户、劳动力、供应商、企业等要素加以分析，在此基础上形成一个递进体系（如图4-1所示）。

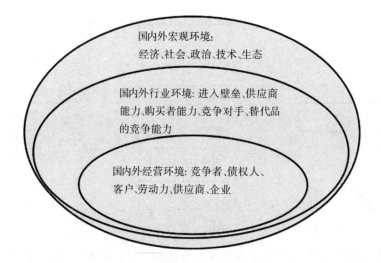

图4-1　企业外部环境分析层次

①宏观环境。宏观环境包括经济、政治、社会、技术四个基本要素，常用到PEST模型。随着研究的深入，环境、法律要素被纳入其中，形成了一个层次更多、内容更丰富的框架，具体如下。

经济因素，组织外部经济结构、资源状况、产业布局、经济发展水平、未来经济走向；政治因素，对组织经营活动有影响的政治力量；社会因素，所在社会历史发展、价值观念、文化传统、风俗习惯、教育水平；技术因素，引起革命性变化的发明、相关的发展趋势与应用前景；环境因素，环保要求对企业生产的影响；法律因素，法律、法规、司法组成的有机整体。

②行业环境。行业环境指企业所的处行业地位及竞争格局，把握行业竞争态势、增长潜力、盈利空间，常用的分析工具为五力模型（如图4-2所示），将决定产业竞争强度及产业利润率的作用力归纳为进入威胁、替代威胁、现有竞争对手的竞争、供应商价格谈判能力、客户价格谈判能力。

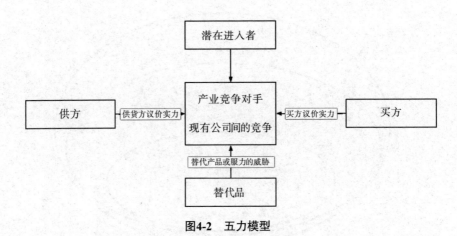

图4-2　五力模型

进入威胁。进入威胁加入一个产业的新对手引入新业务的能力，不仅有获取市场份额的欲望，还有可观的资源。壁垒决定了潜在进入者的威胁强度，如是否存在产品差异化程度、投资需求、规模经济、新进入者付出的成本、客户更换供应商的成本、现有市场主体对潜在进入者的反击、报复预期。

替代威胁。替代威胁指特定行业产品是否面临替代品竞争。替代品决定公司定价上限，对潜在收益有一定影响，这一威胁多源于"替代品提供的价格——性能选择机会"，如具有改善产品价格——性能比的产品、盈利水平高的产业生产的替代品，对企业来说都是不小的压力。

现有竞争对手的竞争。现有竞争对手的竞争指特定行业现有竞争对手之间的竞争态势。影响因素有竞争对手的数量、实力，产业增长速度，是否存在产品差异化、客户转换成本、大幅扩容，壁垒退出成本。

供应商价格谈判能力。供应商价格谈判能力指特定行业供应商是否有提高价格、降低产品或服务质量，提供更多服务项目的能力。影响因素有供应商与客户相比的集中程度、是否面临替代品竞争，供应商产品是否是客户业务的主要投入品及是否能实现产品差异化，转换成本。

客户价格谈判能力。客户价格谈判能力指特定行业客户是否有压低价格、要求更高产品质量或更多服务项目的能力。影响因素有客户转换成本、盈利水平，购买的批量和集中程度，客户从产业购买产品占购买数额的比重。

③经营环境。经营环境指企业面对的市场竞争主体，如竞争者、债权人、劳动力、供应商、客户等所处的地位。其中，竞争者分析尤为关键，可以从

未来目的、当前战略、想法、能力四个方面入手。享利·明茨伯格（Henry Mintzberg）将企业与竞争对手对比，形成竞争对手分析模型，如图4-3所示，认为分析的关键是收集、整理有关的数据和信息（竞争对手发表的年报、季报等公告，管理层接受的专访，撰写的文章，有关公司的报道），丰富竞争情报。

（2）内部因素分析。分析企业内部要素，帮助企业对自身的优势与不足有一个清晰的定位，在结合外部形势基础上进行系统诊断，为确立发展目标、发展战略，制定保障措施提供依据，使用到的分析方法如下。

①与过去行为对比，为当前表现提供历史经验评价框架。

②根据行业所处发展阶段，找出最适合的能力要求。

③进行标杆管理，明确自身的优势与劣势。

④与所在行业的成功因素对比，对自己的内部能力有全面的了解。

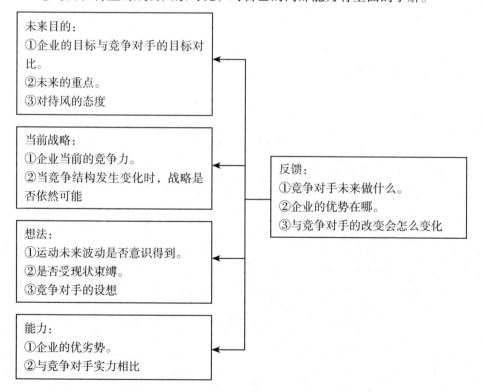

图4-3 竞争对手分析要素

分析内部因素应用到的模型有"资源基础论""价值链分析"，后者应用范围更广，在这里重点介绍。价值链分析，是挖掘企业核心竞争力的分析模型（如图4-4所示），在创立者波特看来，任何企业都是进行设计、生产、营销、交货及对产品起辅助作用的各种活动集合，从企业所处行业竞争态势入手，能够挖掘企业内部价值链，发现其竞争优劣势。企业在从事物质、技术层面的活动过程中，往往借助资源、人力、管理等实现相应价值。

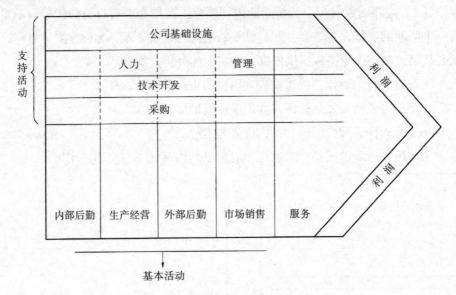

图4-4 基本价值链分析模型

企业价值活动与经济效果的结合，决定着企业在成本方面的相对竞争能力，包括基本活动、支持活动、基础设施（如图4-5所示）。

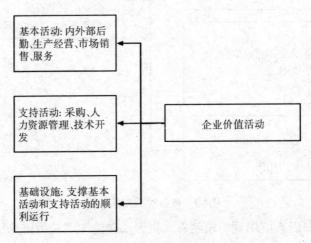

图4-5 企业价值活动

（3）SWOT分析。SWOT模型（如图4-6所示），围绕企业优势、劣势、机会、威胁四个方面，帮助企业在内部优劣势、外部机遇与挑战之间建立有机联系，从而选择出最适合的发展战略，这一分析方式有助于实现企业内外因素的统一。该模型的分析步骤如下。

①汇总企业面临的优劣势、机会、威胁。

②将企业优势、劣势、机会、威胁两两组合，作进一步分析。

③在上述分析的基础上，从不同维度形成增长策略、多元化策略、防御策略、转移策略（如图4-7所示）。

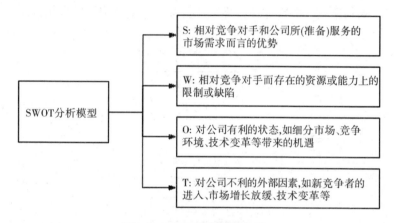

图4-6 SWOT分析模型内容

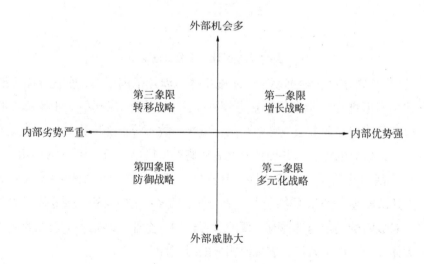

图4-7 SWOT模型流程

3.目标设定与战略选择

作为企业在特定阶段的关键目标体系，目标设定与战略选择需要组织采取竞争性战略，并加以取舍，将有限资源集中在影响绩效的重点领域，即"聚焦点""设目标""有取舍""定战略"。其中，"设目标""定战略"是同步进行的，任何一个环节都不能忽视。

（1）目标体系设定。在设定目标体系时，常使用平衡计分卡，通过分析"财务""内部流程""顾客""创新与学习"等具体指标，了解组织发展战略的实施轨迹，促进绩效考核与改进、战略实施与修正的循环上升（如图4-8所示）。此外还有"关键业绩指标""目标与关键成果"等分析方法。

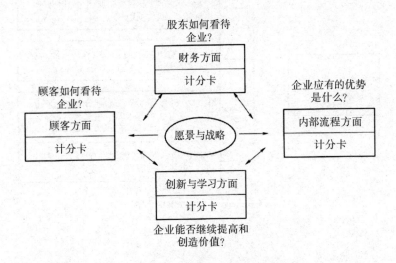

图4-8 平衡计分卡分析框架

（2）战略选择。根据制定、实施主体与涉及范围层次，企业战略一般包括公司层、职能层、运营层、业务层四个方面。至于规模小、业务单一的企业，由于公司层与业务层战略多交叉、重叠，故不设业务层战略。随着关于战略管理理论研究的深入，各种企业发展战略类型层出不穷，如图4-9所示。

企业战略是关于企业整体性、基本性、长期性的规划，是各种战略的统称。上述战略划分类型更多的是一种学理化探索，集中反映了企业战略的共性规律，对战略的制定与选择有重要的参考作用。企业战略是一个动态的演变过程，大体经历了以下阶段，表现出明显的时代性。

①在竞争市场环境下，增强优势、打败竞争对手的竞争战略。

②在全球化背景下，利用国际资源、占领战略制高点的国际化战略。

③在世界联系日益紧密、共同利益愈发广泛的背景下，注重优势互补、合作共赢的合作战略。

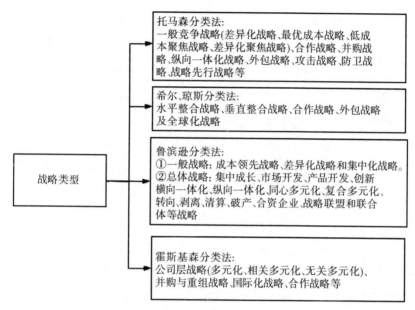

图4-9 企业战略分类

4.战略实施

战略实施，指将战略规划转化为年度计划，在战略目标、举措领域投放资源，实现部门之间、举措之间的衔接，促使战略落实。在战略管理中，实施是关键，要是缺少落地这一环节，前面的努力都将付诸东流，它直接关系到战略目标能否实现。在企业战略趋同大背景下，实施结果之所以大相径庭，在于实施手段、内外环境等方面的差异。为确保战略实施，组织需要从结构调整、模式改革、企业文化重塑等方面入手，将有限的资源集中在关键领域，成功的关键包括协调一致性、环境评估、人力资源、领导层、战略与经营变化联系等（如图4-10所示）。

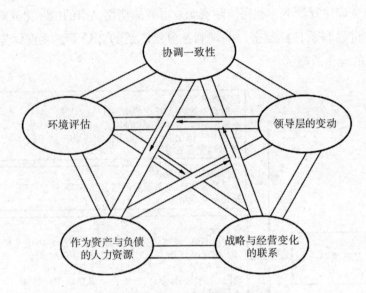

图4-10 战略实施成功关键因素

战略的成功实施,不仅要确保目标的落实,还应当挖掘、利用与目标相适应的组织资源。企业的资源是有限的,想要完全满足目标需要基本不可能,一个有效的解决途径是在战略实施过程中进行弥补,培育工具如下。

(1)组织结构。组织不同活动基本载体。

(2)领导。确定方向、推动变革、打造团队。

(3)文化。共同遵守的价值观,确立组织行为准则和氛围。

综上所述,战略实施的关键,在于形成一个有效的组织结构,强化组织领导艺术,培育与战略相适应的企业文化。

4.战略控制与评价

战略控制与评价,指通过标杆管理明确行业最佳实践,促进战略的完善,即"投标杆""重反馈""找差距""促提升"。标杆管理,是为改善经营成效、提高管理水平,分析、寻找与行业最佳实践的差距、原因,并采取一系列改进措施的动态过程。20世纪80年代,日企的快速崛起让美国施乐公司感受到了巨大压力,后者便运用标杆管理方法,建立一支标杆管理分析团队,全面研究竞争对手的业务流程与成本,通过对比了解自身的不足,并制定针对性策略,最终实现了逆转。自此,"标杆管理"的理念在全球普及,对我国国企改制产生了重要影响。

　　标杆管理，旨在建立一套涵盖各种管理职能、业务领域的立体、多维度的管理机制，以先进的标杆企业为师，在差距分析、寻找原因、制定改进对策的基础上改善经营绩效，进入更高层次的发展阶段。标杆管理在分析与行业最佳实践的差异和提出改进对策方面有积极效果，然而，在实际执行过程中，由于存在"标杆企业内部化""对标指标报表化""最佳实践虚空化"等问题，使得实际结果与预期有着较大差异（如图4-11所示）。

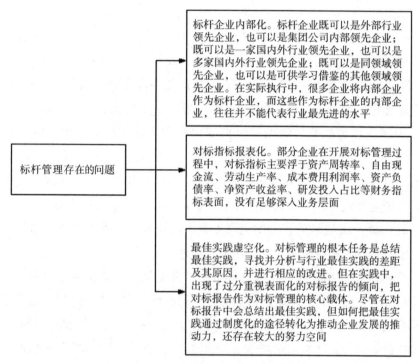

标杆管理存在的问题

标杆企业内部化。标杆企业既可以是外部行业领先企业，也可以是集团公司内部领先企业；既可以是一家国内外行业领先企业，也可以是多家国内外行业领先企业；既可以是同领域领先企业，也可以是可供学习借鉴的其他领域领先企业。在实际执行中，很多企业将内部企业作为标杆企业，而这些作为标杆企业的内部企业，往往并不能代表行业最先进的水平

对标指标报表化。部分企业在开展对标管理过程中，对标指标主要浮于资产周转率、自由现金流、劳动生产率、成本费用利润率、资产负债率、净资产收益率、研发投入占比等财务指标表面，没有足够深入业务层面

最佳实践虚空化。对标管理的根本任务是总结最佳实践，寻找并分析与行业最佳实践的差距及其原因，并进行相应的改进。但在实践中，出现了过分重视表面化的对标报告的倾向，把对标报告作为对标管理的核心载体。尽管在对标报告中会总结出最佳实践，但如何把最佳实践通过制度化的途径转化为推动企业发展的推动力，还存在较大的努力空间

图4-11　标杆管理中存在的问题

（三）战略创新实践

1.转型战略

　　随着内外环境的深刻变化，转型成为企业重获新生的根本出路。在世界经济、科技、文化联系愈发密切的全球化背景下，商业模式演变、企业升级换代速度越来越快，优胜劣汰成为常态。

　　一家企业想要实现长期发展，战略转型是根本出路。当产业更迭换代，而企业原有业务与市场需求不适应时，转型成为走出困境的关键。简言之，就是对原有业务进行调整，形成与市场环境相适应的新业务，为公司发展注入新

的活力。公司领导层在推进战略转型的过程中，不能急于求成，需要综合考虑各方面的条件。

（1）明确转型方向。公司领导要围绕企业特征，主动顺应行业趋势。

（2）凝聚共识。公司领导要采取激励手段调动一线员工的主动性、创造性。

（3）把握转型时机。正所谓机不可失，失不再来，要成功实现转型，企业领导层要准确抓住时机，充分利用各种优势达成目标。

2.升级战略

经过40多年的改革开放，我国企业经历了由嵌入到主导、由低端到高端、由外包到平台的升级发展之路。在全球化背景下，国内企业要想将市场拓展到海外，必须主动升级自身的产业，生产更多符合国际标准的高端产品，满足全球客户的多元化需求。从某种意义上讲，比之转型，升级更为迫切。

中国建材是战略升级的一个典型，在面临建材行业集中度低、竞争激烈、高精尖产品少的窘境下，通过"做大""做强""做新"的升级战略，即提高行业集中度，进行管理机制创新，提高管理水平，采用新技术打造新产品，形成竞争优势，一跃成为全球最大、世界领先的新材料开发商。

在实施升级战略后，中国建材得到了迅速发展，营业额逐年增长，石膏板、水泥玻璃工程技术等业务位居世界前列。

升级战略，指在原有业务基础上由产业链低附加值领域迈向高附加值领域的过程。一般来说，低附加值业务技术门槛低、市场竞争激烈，很容易陷入"价格战"。为了获取更大的竞争优势，企业需要通过技术创新、产品升级、品牌建设等途径，拓宽高附加值业务领域，以优质的产品和服务来赢取更多的客户。在战略实施过程中，要注意以下方面。

（1）创新是企业发展的根本驱动。企业的升级战略，本质上是主营业务的升级换代，这依托先进的技术手段。

（2）把握主营业务市场前沿，利用好国际国内两种资源、两个市场，以市场需求为导向，大力研发相关产品。

（3）采取多元手段（并购、技术、标准、品牌），提升竞争门槛，以赢取更多的市场份额。

3.多元化战略

多元化战略，在现有业务基础上开拓新业务，形成优势互补、协作竞争的经营格局。开展多元化业务，有助于企业提高对闲置资源的利用，有效拓宽了业务领域，在规避周期性风险、实现业务平衡、顺应市场新形势等方面作用显著，是大型企业常用的战略手段，能够形成多元竞争力。

由于市场周期性风险的存在，那些固守专业化路线的企业，业务范围极其有限，不可避免地会面临市场规模受阻的困境，尤其是在市场需求多元化的大环境下，要是不做出适当改变，等待它们的只能是被淘汰，或者被多元化战略企业兼并。

（1）有序扩展业务范围。企业需要根据自身的特质和禀赋，恰当选择多元化战略。

（2）业务组合动态调整战略。市场应用是检验业务成果的唯一途径，企业可以利用波士顿矩阵思维，在业务组合后，不能一成不变，而应当根据实际情况进行优化。

（3）阶段性投放战略资源。多元化战略是优势业务与新兴业务的组合，新兴业务的培育离不开战略资源，这个"输血过程"对企业领导人的战略韧性是一个较大的考验。

4.一体化战略

一体化战略，企业沿产业链形成贯穿若干环节的业务格局，一种生产与原料供应或产品销售联合的形式，是在两个可能的方向上对现有经营业务进行扩展，包括前向一体化战略、后向一体化战略。二者的区别在于产业链延伸方向的不同，前者向上延伸，后者向下延伸。企业实施一体化战略，能有效增强对原材料供应、产品制造、销售等环节的管控，产业链得到完善。一体化运营能力提升，意味着在市场角逐中有更多的主动权，业务各阶段能够带来一笔可观的利润。

（1）市场布局上的战略协同。对于大型集团而言，应当在子集团上形成战略互补，从而具备更强的竞争力。

（2）注重战略管控。鉴于子集团业务侧重点不同，需要因势利导，利用董事会治理结构，通过战略管控模式，尊重子集团业务的主动发展权，以调动其各方面的能动性。

（3）在内部定价上模拟市场。一体化集团内部会形成多方关系，为此应参照市场价格形成模拟价格，客观反映各环节的产出成果。

5.数字化战略

新一轮科技革命，涌现了全新的信息技术，如大数据、3D打印、物联网、AI等，在这样的背景下，全新的商业模式逐渐形成，诸如网络众包、个性化定制、全生命周期管理、协同设计、精准供应链管理等，生产方式、产业形态等都有了新的变化，成为新的经济增长点。尤其是新兴互联网行业，对传统产业格局造成巨大冲击。对此，企业家应秉持开放、包容态度，主动顺应信息化趋势，运用大数据、云计算、AI等新兴技术手段，转变经济增长方式，优化产业布局，形成新的竞争优势。

要成功实现"互联网+"，要做好以下工作。

（1）企业转型。

（2）价值链整合。实现机器之间、产品价值链及供应链之间的互联互通。

（3）重塑生态系统。收集各行各业大数据，积极、快速响应客户在产品设计、服务方面的需求，满足用户的个性化需要，形成全新的业务价值链和盈利模式。

在数字化转型方面，海尔集团交出了一份满意的答卷。海尔意识到传统的"生产—库存—销售"模式难以满足用户碎片化、个性化的需求，大规模制造势必被大规模定制所取代，鉴于此，充分利用自身优势建立起"人单合一双赢"模式，将员工与用户联系在一起，员工利益与用户体验挂钩，"每个人都是自己的CEO"，从而实现员工与用户的双赢。同时，海尔将传统金字塔组织结构重塑，引入平台型组织，形成互联网化的平台主、小微主、小微成员，实施扁平化管理，让团队自我管理、自我创新，实现自我发展。

在新一轮信息技术革命背景下，组织信息化、网络化道路不可逆转，对此，企业必须制定科学的数字化战略，将其上升到企业层面，予以高度关注，转变将信息化、数字化定位于辅助、支撑总战略的观念，积极推动"互联网+"，充分发挥自身优势，形成内嵌格局，以谋求更有力的发展局面。在这个过程中，要注意以下几点。

（1）将要素驱动转变为数据驱动。传统企业依托信息技术，实现人力、物力、财力等资源的合理配置，以产生更多价值；而数字化战略将数据作为与人力、物力、财力同等重要的资源，充分挖掘数据价值。

（2）由效益提升转变为价值创造。传统企业的信息化建设，旨在提高运营效率和业务能力；数字化战略以信息技术为核心，将生产经营全过程形成的数据进行整合，创造新的价值。

（3）条线管理转变为万物互联。传统企业将目光局限于信息化建设职能条线，容易形成"信息孤岛"；数字化战略立足全局，有效打破条线束缚，实现数据的互通、共享。

6.全球化战略

现如今，世界各国之间的经济、科技、文化交流愈发频繁，全球化得到进一步的深入，如此一来，意味着每一个人都具有在全球范围参与竞争与合作的机会。

21世纪初，全球化进程快速推进，作为集中丰富资本、技术、人才的行业，国际工程市场整合速度明显提升，各种生产要素突破时空局限性，逐渐形成了一个全球范围下的工程建设市场。国内外初具规模的工程企业陆续"走出去"，与国际接轨，走上全球化道路。

全球化战略，即将技术、管理、人才等资源在全球范围内流动，以满足企业拓展海外市场的需要，增强企业的国际竞争能力。全球化是企业发展到一定阶段必然面临的挑战，更是一次机遇，随着各种生产要素突破时空的束缚，企业要想成为成功的跨国企业，制定科学的全球化战略不可或缺。不管是我国的公司，还是西方的老牌企业，都需要从市场、资源、管理三个维度开展全球化，将刚性制度与柔性文化有机统一，实现各部门的密切协调、配合。因此，在实施全球化战略的过程中，注意从以下几点入手。

（1）由国际化思维上升到全球化战略。全球化战略视角淡化了国界的区别，对分布在全球各地的市场、要求、人才等资源一视同仁。

（2）形成与全球化战略相适应的体系文件和信息系统，将分布在世界各地的分支机构联系起来，形成资源合力。

（3）兼收并蓄，尊重文化差异性。不同的国家有着不同的文化背景，为增强员工凝聚力，企业需要有海纳百川的胸怀，打造包容性强、多元文化并存的企业文化格局。

（4）对于民生类和一般性技术企业，更适合全球化战略。至于高新技术公司，在实施过程中需要慎重考虑合作对象，降低贸易风险。

（四）战略创新启示

企业的生产经营目标，仅仅依靠领导层或管理层是无法实现的，关键在于全体员工的积极参与。一家优秀的企业，员工的凝聚力往往是很强的。根据"阿米巴经营模式"理念，战略作为一项总体性、全局性、长远性的规划，在企业的经营管理中起着统领性作用，需要从战略的定位、分析、制定、实施、控制与评价等各个环节，充分激活企业内外各方面的积极性、主动性和创造性。结合上文提到的战略创新实践，笔者做了如下思考和建议。

1.提高战略管理前瞻性

从国内大多数企业发展现状来看，有相当一部分企业没有认识到战略管理的重要性，或对其认识不够全面，往往存在诸多困惑。究其原因，传统的经济管理理论因为互联网技术的出现，受到前所未有的冲击，人们的认知观念被颠覆，新的管理体系尚未健全。这也是现代企业在发展过程中陷入困境的一个重要因素，因此，解决战略迷茫，进行战略继承与创新尤为关键。

在新一轮信息技术革命下，生产方式、经营理念的大变动使得企业发展呈现出新的特征。互联网的出现，大大降低了通信成本与交易成本，并提高了交易的时效性。此时的企业正由"提供产品和服务的生产中心"朝着由企业、客户、合作伙伴一同组成的"创新共同体"演化。不管规模多大的企业，要解决战略困惑，都需要对以下内容有清楚认知。

（1）明确企业所处的发展阶段。根据企业生命全周期理论，从诞生到消亡，一般经历三大阶段（如图4-12所示）、十个时期。

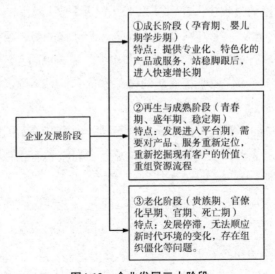

图4-12　企业发展三大阶段

因此，企业需要了解生命周期与战略制定的关系，在把握阶段性发展规律的基础上，选择最恰当的战略规划，以缩短成长时间，延长再生与成熟阶段，尽可能避免老化阶段。

（2）熟练掌握战略分析工具。究其本质，战略迷茫与传承是与时俱进的问题。对此，企业要在准确认识和把握内外环境的基础上，善于运用各种战略分析手段，实施经营策略。大多数企业都不同程度地使用了一些战略管理工具和模型，但多流于形式，取得的效果有限。这里简单介绍一些战略分析模型：基于宏观环境的PEST模型，从经济、政治、社会、技术层面分析影响企业发展的外部因素及其趋势，为战略决策、调整提供科学依据；波特的五力模型从"进入威胁""替代品""客户价格谈判能力""供应商价格谈判能力""现有竞争对手的竞争"方面帮助企业了解所处行业的竞争强度、产业利润率、发展前景等状况。为了谋求更好的发展，企业需要培养一批专业化的，能熟练应用各种战略分析工具的战略管理人才，为战略制定出谋划策。

（3）建立有效赋能型创新组织。毫不夸张地说，公司结构形式取决于战略，二者的共同目标在于将有限的资源集中于满足市场需求的产品和服务当中。结构，对公司现有资源整合以适应需求设计；战略，为满足设想市场需求进行的资源分配方案。组织结构，随着社会生产力水平的发展演化，第二次工业革命后，"U型"结构（中央集权职能部门化组织结构）逐渐被"M型"结构（一个总部、多个分部的组织结构）取代。进入到新一轮信息技术革命，一些新型组织结构涌现，如阿米巴经营管理模式、海尔平台型组织、阿里巴巴的"大中台、小前台"组织架构等。时至今日，"M型"结构仍然没有被淘汰。纵观国内企业实践，平台型组织被商业领袖作为未来组织的典型。然而，仍有相当一部分企业沿用的是传统的事业部结构，阻碍着企业的转型升级。

近年来，华润集团、中化集团、中粮集团联合推进战略管理体系、管理报告体系、全面预算体系、内部审计体系、经理人考核体系、业绩评价体系的"6S"体系，构建起完整的集团战略管控机制，赋予下属企业一定经营自主权，有效调动其管理积极性、创造性，使得集团总体战略行进在预期轨道上，并焕发新的发展活力。集团以战略管理体系为基点、以经理人考核体系为落脚点，形成一个围绕组织目标的闭环，各环节相互协调、配合，确保战略制度的落实，推动企业的可持续发展。作为一套系统的思维方式，"6S"体系具有明显的开放性，在重塑管理理念、体系的基础上，借助分析工具突破传统模式的束缚，形成以市场为导向，服务客户和鼓励创新为重要内容，价值创造为目的的管理体系，丰富管理价值内涵，有助于创造更大的财富。

2.增强战略拓展科学性

所谓战略，是在公司与内外环境相互联系、相互作用的基础上进行的谋划。从宏观产业视角出发，竞争战略旨在帮助企业获取良好的竞争优势，从而确立持久、有利的市场地位。当企业认清自身禀赋和外部环境形势时，接下来的迫切目标在于形成一个因势利导的战略关系，明确战略方向，进而建立相关的管理指标体系。一般来说，行业越成熟，战略方向、指标体系的外部输入条件就越多，参考资料就越丰富，而这容易出现战略趋同现象，同行企业相互借鉴后，使得彼此的战略定位区别不明显。

纵观国内外迅速崛起的企业，它们起初并不具备相当的资源和能力，但最终获得了成功，关键在于有着远大的抱负和科学目标体系——战略，这是一个方向性问题。战略的制定，必然需要做出取舍、筛选，它并非冗杂的行动计划，而是能够根据环境变化不断革新的理念。任何一家企业，资源都是有限的，因此，在战略制定过程中，必须有所为、有所不为，这对企业家们的独特逻辑是一个极大的考验。

（1）洞悉未来趋向。一名优秀的企业领导，往往具备"使命感""准确描述目标并实现""挑战新事物""获取众人信任""关爱之心"等品质。

（2）与时俱进的主营业务扩展。企业的发展、壮大不是一蹴而就的。随着时间的推移，任何一种经营业务都要经历"成长阶段""再生与成熟阶段""老化阶段"的挑战，为了成功渡过难关，延长企业发展期，管理者需要结合内外形势情况对主营业务进行适当扩展。纵观国际顶尖工程公司，无一不经历了"成立初始—快速发展—海内外业务扩张—全球化战略推进—战略调整、重组"的演变历程。

（3）设计关键性战略目标体系。在战略管理中，科学设计战略目标体系是重中之重，在战略功能发挥中起到关键作用。其中，平衡计分卡、关键绩效指标（KPI）法、目标与关键成果法（OKR）是设置战略目标常用的方法，它们都是将组织目标分解，量化企业运行中的关键参数，以便管理者全面了解企业运营情况，把握与预期目标的差距，分析其原因，并制定针对性的解决方案。OKR法以定量形式呈现一定阶段的定性目标，有效解决了定量与定性指标的转化问题。战略指标有财务类、发展类、质量类、运营类等，需要结合企业实际进行设计，以金字塔式架构提高组织运行效率，让组织焕发新的活力。

3.提升战略管理领导力

战略规划倘若得不到落地，再科学、再合理也不过是一个虚无的愿景。要确保战略的实施，要求管理层将资源准确投放在未来会产生成果的行动中，以检验规划的落实状况。要将战略规划由意图转变为计划，关键人物对特定任务的承诺尤为重要。一些企业的战略管理之所以饱受质疑，原因是战略的制定与执行脱节，战略目标没能成为有约束力的计划，最终不了了之。

一家长青企业，往往具备较好的战略领导力，一名优秀的CEO，能够在内外动态环境中，把握所在行业的动向，有效执行战略，进而获得竞争优势。一般可以从以下方面提升战略领导力。

（1）建立自上而下、自下而上的沟通机制，以便战略领导力贯穿企业生产经营的各个环节。

（2）在动态环境中及时转换。

（3）在战略资源配置中，在适合与升级中找到平衡点。

（4）CEO与董事会之间形成密切联系。

企业管理者的战略领导力，关系到战略能否落地，要实现这一目标，需要做好以下工作。

（1）强化企业管理者——"第五级领导者"。一家企业，要实现从优秀到卓越的转变，一个必要条件是经理人要具备谦逊的性格与坚强的职业意志，即"第五级领导者"，前四级分别是"能力出色的个人""甘于奉献的团队成员""能干的管理者""高效的管理者"。要实现企业的卓越发展，仅靠管理者的个人能力是远远不够的，那些昙花一现的企业是最好的佐证。企业的领导层，要做的除了描绘美好愿景、激励员工追求更高的绩效，还要善于凝聚、团结员工，发挥他们的潜能和创新精神，为组织发展提供保障。要做到这一点，企业领导人需要具备以下优良的品质。

①虚怀若谷，善于倾听员工的意见。

②坚毅性格，有"咬定青山不放松"的韧性，能够引领团队克服一个又一个难关。

（2）增强管理者精神感召力。卓越的企业少不了卓越的领导者，卓越的领导者需要具备高度的责任心，能够获得员工的尊敬与信任，拥有深沉、厚重的品性。与卓越的能力相比，卓越的人格和勇气对领导人而言往往更关键，其能够以崇高的品格和爱岗敬业的精神打动员工，形成一股坚不可摧的凝聚力。企业管理者的精神感召力，源于其内心的人格和信仰，这些品质在促进组织高效运转、发挥团队合力中有着重要作用。总地来说，要带领企业不断朝着更高的目标前行，领导人的公正、勇气、谦虚、乐观等品格缺一不可。

（3）建立战略管理实施联动机制。一名合格的企业管理者，能够妥善处理好短期目标与长期目标、整体利益与局部利益的关系，有能力调动各方积极性，并投入合适的资源，建立起科学、有效的组织管理体系，推动战略的落地。像中石化等"6S"体系，将战略规划周期、业绩评价周期、经理人任期统一起来，以三年为战略规划期，规划编制完成后，若内外环境无重大变化，原则上不滚动修订，但每年要作战略检讨与评估；经理人在年度业绩考核基础上增加三年任期考核，以保证战略的持续性、稳定性，形成有效的管理，为组织的长远发展奠定基础。

4.推动战略生态开放性

在互联网时代下，成功的企业领导者，往往是善于创造和发展各种平台的人才。平台，一套吸引供应商、用户群，以形成多边市场的产品或服务。新一轮技术革命的推进，让平台与计算机密切联系在一起。传统的科斯理论在互联网经济时代受到巨大冲击，在这样的背景下，企业不再一味对封闭体系进行扩展，而是将业务外包出去，建立多样化合作伙伴关系。

根据传统理论，考虑到寻找交易对象、达成交易、履行合同的成本较高，企业构建的网络设在内部，以降低成本。这使得20世纪的成功企业基本建立了完整的产业链，层级森严的金字塔式结构。然而，通信技术和网络技术的出现，大大降低了外部交易成本，企业不再一味地追求规模化和延伸产业链，外包让生产经营的各个环节得以同时进行，一个开发的生态格局——企业间复杂竞合关系集合体出现，竞争与合作成为时代主旋律。

（1）树立合作共赢发展理念。合作竞争理论颠覆了传统的单一竞争性思维，改变了人们脑海中"商场即战场""市场竞争遵从丛林法则"等认知。在新的历史阶段，市场竞争不必是"生与死"的较量，出现了竞争中有合作、合作中有竞争的新特点。在复杂多变的市场环境下，竞争不可避免，但只强调竞争是走不长远的，还需要注重合作，形成双赢乃至多赢的格局。因此，作为企业管理者，应当对市场竞争有更深入的剖析，贯彻落实合作共赢理念，以开放、包容的姿态，积极参与到市场经营活动当中，谋求与其他企业的合作，实现资源的共享，来获得更大的竞争优势。

（2）建立全方位的企业战略合作体系。20世纪70年代以来，企业便开始了战略合作的尝试，希望通过外部交易内部化的方式，降低成本、提高效益。随着竞争与合作理论的提出，这种尝试更加积极，越来越多的企业认识到了战略合作的重要性，并将其上升到组织层面，作为一项重要的战略主导。实践表明，战略合作在吸收外部资源、降低运营成本、分散市场风险、实现规模经营方面作用显著，建构全方位的企业战略合作体系势必是未来的一个重要趋势。

（3）打造深度融合的产业联盟。事实上，"战略联盟""联合体""产业集权"的出现，早于竞争与合作理论，但前者依赖后者得以绽放光彩。"互补者"概念认为博弈参与者之间是互利互惠、互为补充的双赢关系，这为战略联盟、联合体的深层次发展提供理论依据。在互联网出现之前，"封闭"是常态；而互联网出现后，时空局限被打破，一个更加开放的网络格局呈现在人们眼前，建立平台的机会随处可见，那些能够发现平台并促使平台迅速发展的人，便是企业需要的领导者。对于我国企业而言，在对外经济合作方面，可以通过与国内融资机构、科研院所等展开战略合作，构建具有中国特色的对外工程产业联盟，谋求发展的互利、共赢。

5.强化战略执行连续性

一个科学、有效的战略，并非落实细节，而是涵盖了一系列连贯的活动；战略目标的实现，以切实可行的行动方案为保障。那些尽管提出宏伟目标、愿景和价值观，却无法提供科学指导的战略，往往虚有其表、毫无价值可言。从构成要素来看，战略包括调查分析、指导方针（应对分析报告指出的障碍采取的措施，起到指明方向的作用）、连贯性活动（根据指导方针制定的可行的办事策略、资源投入及行动）。好的战略，能够将愿景转化为路径，进而细化成行动计划。

在大多数人看来，战略是关于目标、价值观、路径等涉及企业长远发展的方向、竞争模式的选择。事实上，真正有效的战略除了能够提供方向指引，还应有指导行动的科学计划。因此，管理者需要立足公司的长远目标，不仅要制定科学的方针与规划，还要将其分解为具体的阶段性目标，落实资源投入等生产经营计划，以便企业始终沿着正确的方向前进，在发展过程中克服一个个困难。不少企业的战略之所以流于形式，就是因为缺乏将战略规划转化为年度计划的自觉意识，也没有采取相应的转化手段。

（1）引入目标管理创新工具。为确保战略规划与年度目标的有效结合，可以使用平衡计分卡、关键绩效指标法、目标与关键成果法等工具，建立起中长期和分年度的战略指标体系，做好战略实施的动态跟踪、及时反馈和适时调整。然而，在实务中，制定与实施有一定的距离，上述指标得不到较好的统一。在制定战略规划相关指标时，管理者往往将其设计得更富有挑战性、更具有难度，使得战略目标的实现更加困难。此外，鉴于市场的不确定性，战略指标要求有一定的灵活性、模糊性，让目标定性化。计划指标则更强调实务性，切实可行性。为让规划目标转变为计划目标，企业需要集中战略资源来实现战略目标，即做到定性向定量、长期向阶段性短期、挑战目标向实务目标的转型，上述提及的工具在这方面成效良好。

（2）在高管团队中进行长期绩效考核，发挥绩效的"指挥棒"作用，将方方面面的积极性调动起来。从金字塔式组织结构来看，各个层面、层级的考核重心存在差异性，层级越高，越强调战略和宏观事项。作为企业战略制定者与实施促进者，中高层管理者的考核应采取定性与定量、长期与短期相结合的手段，建立起与战略规划执行效果相适应的高层团队业绩考核机制。企业中层管理者与基层员工是制定、执行发展战略的主体力量，主要对其采取具有激励性的短区间、及时性的考核体系。

对企业高管的考核，主要从净资产收益率、利润率等经济效益指标，及科技研发、人才培养、安全环保等方面进行；做到年度考核与战略性指标中长期考核的统一。以"严考核、硬兑现"的方式，对高层人员在企业战略制定与实施中的作用进行全面、真实的评估，将他们的切身利益与对公司的贡献联系起来，以调动其积极性。

（3）实施中长期战略规划滚动管理。结合战略实施情况，对所在行业动态信息进行整合、分析，运用PEST模型、五力模型、SWOT分析等工具，从外部市场形势、内部规划执行状况等方面，对战略进行动态编制、调整，将战略规划、滚动规划与年度计划连接起来，做好战略的研究、制定、实施、评估等工作，形成有效闭环，妥善处理好战略规划前瞻性和战略实施务实性之间的问题。

进行中长期战略规划滚动管理，将刚性制度与柔性文化结合起来，建立完整的投资链结构，推动规划的落实，实现组织目标。强化重点领域，改善投资结构，以战略方向为依据，形成"战略—投资—预算"全过程管理模式。在中长期战略规划调整时，注意战略管理与投资管理、投资绩效与业绩考核、生产经营计划与投资计划的有机统一，建立集商业模式、战略规划、人才储备、项目实施于一体的管理机制，将引领、导向、保障等功能充分发挥出来。

二、企业产权制度创新

（一）产权制度创新的意义

1.产权制度创新的定义

作为市场经济的基本单元，公司作为社团法人，直接目的是追求利润最大化，它是社会中最活跃、最重要的一个创新主体。

作为公司制度的关键部分，产权是公司的根基所在，在企业体制机制改革、实现可持续发展中发挥着重要作用。公司制度，是企业发展到一定阶段的特定产物，是产权制度创新的结果。从经济学的角度看，"产权"是主体享有的一种财产权利和法律权利，如占有权、使用权、收益权和处分权。

企业产权，指以财产所有权为基础，反映投资主体对其财产权益、义务的法律形式。包括实物形态（资金、土地等）和股权形态（投资股权的占有）。其中，剩余索取权是企业产权与其他权利的显著区别，指对企业扣除一切成本和支出之后的剩余价值进行占有的权利。

在现代企业管理中，产权制度是核心、是灵魂，决定着企业的组织形式和经营机制。产权清晰是建立现代企业制度的一个重要特征。

2.公司产权制度创新的意义

（1）优化公司治理结构。公司产权制度、组织制度、管理制度一同构成完整的公司制度，其中产权对企业而言至关重要，是组织形式和管理体制的前提和基础，决定着公司法人的治理结构和经营模式。近年来，产权制度创新涌现了一批新形式，如股权多元化、上市公司等，最大限度地保障了股东尤其是小股东的合法权益，推动着企业管理理论和实践的完善，为企业的可持续发展奠定基础。

产权制度的出现，有效限制了大股东滥用职权的情形。持有不同股份的股东，侧重的利益诉求不尽相同，在公司治理中表现为截然不同的作用。但不管是大股东、还是小股东，都有权参与公司重大事务的决策。以股东多元化为例，原始股东、大股东、战略投资者、财务投资者、小股东、骨干员工持股等并存，为了协调各方权益，有必要建立相应的利益协调机制，进一步改革、优化企业管理形式，这正是产权制度创新在治理结构方面的实践。

（2）形成合理分配机制。资本、劳动力是推动社会生产力发展的根本要素，可以用于生产并就收益进行分配。由于资本无限积累性的特质，与提供劳动的员工相比，作为资本提供者——股东，往往能分享绝大部分红利，他们的财富增长率远超企业经济增幅。这种不合理的分配模式加剧了劳资矛盾，挫伤了员工的积极性，对企业的可持续发展是不利的。事实上，企业的长远发展，除了要维护股东权益，还要关注员工的合理需求，妥善处理好劳资双方的矛盾。基于此，构建一个有助于分配相对公平，将资方和劳动者的利益诉求引入一致轨道的科学治理结构和体制机制是十分紧迫的任务。

（3）激发股东活力、动力。正所谓仓廪实而知礼节，衣食足而知荣辱，物质是人们生存与发展的根本保障，是调动人们生产积极性、创造性的"引擎"。我国《公司法》明确规定，"公司股东依法享有资产收益、参与重大决策和选择管理者等权利。"作为出资人，股东有权通过股东会、董事会、监事会等机构维护自身合法权益，有权参与重大事项的决策，进而影响企业经营效率和发展前景。企业实践表明，科学、有效的治理结构和体制机制，使得资本、劳动等要素在生产经营各个环节保持协调，进而激发各方的主动性、创新活力。一方面，股东为企业引入各种技术、渠道、市场、原料等资源，壮大企业资本规模和资金实力，为股权多元化奠定良好的基础；另一方面，通过产权制度创新，得到股东赋能后，以股权为纽带，为公司发展注入新鲜血液。

（二）产权制度创新途径

在长期生产经营实践与产权制度创新研究中，公司产权创新手段和方法层出不穷，如混合所有制改革、股权多元化、员工股权激励等。可以说，产权制度贯穿企业发展全过程，幼年期的融资需求、发展期的赋能需求、成熟期的获利需求等，都可以从产权制度创新中汲取养分。

1.股权多元化

（1）股权多元化定义。股权多元化，即持股人的多元化，现有股东采取让渡部分股权的方式，吸纳新的投资主体。随着公司发展到一定阶段，必然面临股权多元化的课题，这是现代市场经济的一个不可逆转的趋势。作为一种普遍的企业产权形式，股权多元化被大多数有限责任公司和所有股份有限公司认可，而一人有限公司是例外。不管是国有企业，还是民营企业，要想引进新的资本和资源力量，获得进一步的发展，股权多元化是必经之路，使得既有股东与现有业务互补，丰富企业发展资源，带来更多活力。

从概念视角出发，与混合所有制相比，股权多元化范畴更广，前者是后者的特殊表现。根据不同的分类方法，股东有不同的类型（如图4-13所示）。股权多元化有资金、技术的有形资产，以及商标等无形资产入股形式。从这个角度看，只要资产具有价值可估量性，就能换取股权。

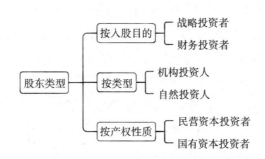

图4-13 股东类型

公司剩余价值索取权、治理结构等，取决于股东比例。根据公司股权结构，同股同权时，可以作如图4-14所示的划分。从股权运作实践来看，在治理结构中，公司协议和章程往往在股权比例基础上赋予各类股东并不等同的股东权利。例如，公司章程赋予部分大股东的股权比例小于1/3的小股东一票否决权，以实现内部制衡。

作为企业的原始股东，在股权多元化过程中，需要对股权和公司管理权进行让渡，需要考虑周全（如图4-15）。

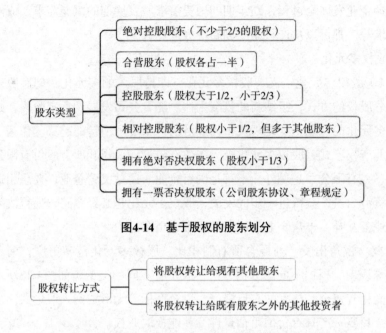

图4-14　基于股权的股东划分

股权转让方式
将股权转让给现有其他股东
将股权转让给既有股东之外的其他投资者

图4-15　创始股东在引入新投资者时应考虑的问题

（2）股权多元化实施路径。基于不同的目标，股权多元化途径主要有股权转让、增资扩股两种形式，所带来的影响也存在差别。

①股权转让，指公司股东依法将自己的股东权益有偿转让给他人，他人取得股权的民事法律行为。股权，即股东出资后享有的对公司及其事务进行支配、控制的权利，包括经营效益的收益权、重大事项知情权与表决权。股权转让对象不同，股权转让的具体程序上，也有一些区别。

②增资扩股，指为扩大资本规模，企业向现有股东、现有股东以外的其他投资者增发股份的民事法律行为。增资扩股方式见图4-16。

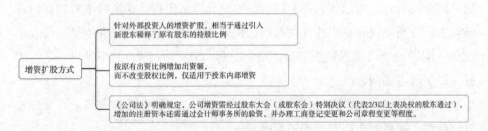

图4-16　增资扩股方式

（3）股权多元化的程序。"股权定价"是任何性质的企业在股权多元化过程中都会面临的问题，必须经过尽职调查、资产评估、内外审批／审查、产权交割等程序。与民营企业相比，国有企业股权管理程序性要求更严格，其股权转让和增值扩股程序见图4-17、图4-18。

制订转让方案。转让方对转让的可行性和方案进行研究和论证；涉及职工安置事项的，安置方案应当经职工代表大会或职工大会审议通过

内部决议。转让方按照章程和制度形成书面决议：国有控股和国有实际控股企业中，国有股东委派的股东代表代表派出单位履行表决权

国资委/政府审批。国资监管机构负责审核国家出资企业的产权转让事项。其中，因产权转让致使国家不再拥有所出资企业控股权的，须由国资监管机构报本级人民政府批准

审计、评估。转让事项经批准后，由转让方委托会计师事务所对转让标的企业进行审计；涉及参股权转让不宜单独进行专项审计的，转让方应当取得转让标的企业最近一期年度审计报告；对按照有关法律法规要求必须进行资产评估的转让事项，转让方应当委托具有相应资质的评估机构对转让标的进行资产评估，转让价格应以经核准或备案的评估结果为基础确定

产权市场公开转让。转让原则上通过产权市场公开进行，原则上不得针对受让方设置资格条件，确需设置的，不得有明确指向性或违反公平竞争原则；转让项目首次正式信息披露的转让底价，不得低于经核准或备案的转让标的的评估结果；转让信息披露期满、产生符合条件的意向受让方的，按照披露的竞价方式组织竞价

签署交易合同、交割。受让方确定后，转让方与受让方应当签订产权交易合同；交易价款原则上应当自合同生效之日起5个工作日内一次付清，交易合同生效，并且受让方按照合同约定支付交易价款后，产权交易机构应当及时为交易双方出具交易凭证

图4-17　股权转让一般流程及操作要点

制订增资方案。增资企业应当按照企业发展战略做好增资的可行性研究和方案论证；增资后企业的股东数量须符合国家相关法律法规的规定

↓

内部决议。增资企业应当按照企业章程和内部管理制度进行决策，形成书面决议。国有控股和国有实际控股企业中，国有股东委派的股东代表，应当按照委派单位的指示发表意见、行使表决权

↓

国资委/政府审批。国资监管机构负责审核国家出资企业的增资行为。其中，因增资致使国家不再拥有所出资企业控股权的，须由国资监管机构报本级人民政府批准

↓

审计、评估。增资事项经批准后，由增资企业委托具有相应资质的中介机构开展审计和资产评估。增资企业原股东同比例增资等特定情形可以依据评估报告或最近一期审计报告确定企业资本及股权比例

↓

产权市场公开转让。通过产权交易机构网站对外披露信息，公开征集投资方；通过资格审查的意向投资方数量较多时，可以采用竞价、竞争性谈判、综合评议等方式进行多轮次遴选；以资产评估结果为基础，结合意向投资方的条件和报价等因素审议选定投资方

↓

签署交易合同、交割。增资协议签订并生效后，产权交易机构应当出具交易凭证，通过交易机构网站对外公告结果；增资企业按照工商登记相关要求办理登记备案。涉及交易主体资格审查、反垄断审查、特许经营权、国有划拨地使用权、探矿权和采矿权等政府审批事项的，按照相关规定执行。投资方为境外投资者的，应当符合外商投资产业指导目录和负面清单管理要求以及外商投资安全审查有关规定

图4-18　增资扩股一般流程及操作要点

2.混合所有制改革

（1）混合所有制改革概述。在公司治理和体制机制创新过程中，股权结构是重中之重，它反映不同性质的股东在有限责任公司或股份有限公司总股本中的占比情况，以及享有的权利和承担的义务。公司股权结构与治理结构的关系是，前者决定后者，后者是前者的表现形式。

混合所有制改革是我国国企改革的产物，具有鲜明的中国特色。

（2）混合所有制攻关领域。股权比例、员工持股是混合所有制改革攻关克难的两个关键方向。

①股权比例。在混合所有制改革过程中，股权比例在公司治理效益中扮演着重要的角色。从国企混合所有制改革实践看，存在国有全资公司改革为国有控股公司，以及放弃绝对控股，采取相对控股两种改革方式。与绝对控股相比，相对控股释放的股权比例更大，使得股权结构更加分散，意味着更多地"放权"。

从整体上看，国有股权释放比例、控股方式的选择，受到若干因素的影响，如公司市场化水平、竞争强度、管控模式等。在国有绝对控股公司中，实施股权多元化后，进行混合所有制改革，为后续治理结构的优化提供保障；当采取增资扩股方式时，能够扩大企业股本和资金规模，提供有力的资金支持。从投资者来源看，基本是与企业在产业链、价值链有密切关系的合作伙伴，在保持国有控股基础上，建立了良好的企业生态圈，发挥合力效应。在国有相对控股企业，主要采取提高新引入股东股权分散性的方式，以保障国有控股的地位。

②员工持股。在混合所有制企业员工持股方面，政府推出了一系列的政策、文件，如《关于国有控股混合所有制企业开展员工持股试点的意见》（以下简称《试点意见》）、《中央企业混合所有制改革操作指引》（以下简称《操作指引》），从原则、条件、入股流程等方面作了详细规定，为员工持股工作提供指引。从目前的试点实践来看，员工持股在协调劳资关系，密切企业与员工的利益方面有着积极的作用。在国企混合制改革中，为避免管理层对国有资产恶意收购，员工持续表现出"四个严控"特征（如图4-19所示）。

③国资监管。《操作指引》要求央企科学界定与混合所有制企业的权责边界，避免"行政化""机关化"管控，加快实现从"控制"到"配置"的转变。对于国有企业股东来说，需要遵循市场化原则，以股东身份参与企业决策和经营管理，但不干预日常经营。不久，《中共中央　国务院关于新时代加快完善社会主义市场经济体制的意见》出台，要求"对混合所有制企业，探索建立有别于国有独资、全资公司的治理机制和监管制度。对国有资本不再绝对控股的混合所有制企业，探索实施更加灵活高效的监管制度。"尽管相关配套政策尚未出台，但不妨碍对未来国企监管模式的预测（如图4-20所示）。

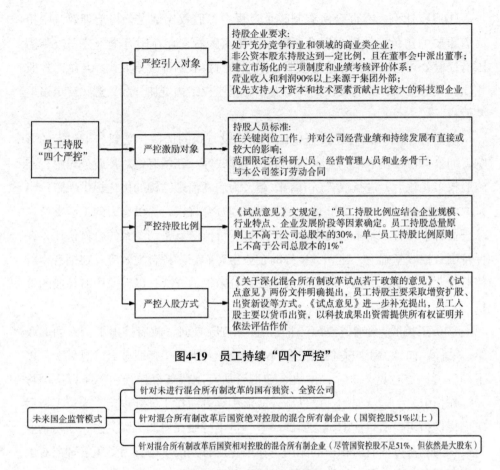

图4-19 员工持续"四个严控"

图4-20 未来国企监管模式

由此可见，为了进一步增强核心竞争力，那些完成了混合所有制改革的绝对控股企业，应建立有别于原有作为国有独资、全资公司的治理机制和监管制度；完成了混合所有制改革的相对控股企业，应建立更灵活的治理机制和监管制度，充分发挥相关体制机制的优势。

④市场机制。混合所有制改革的根本目的，在于适应激烈的市场竞争需要，"混"是途径，"改"是目的，为了提高资本运转效率，需要发挥市场在资源配置中的决定性作用，在遵循市场经济规律的基础上优化治理结构和管理体制，实现资本的优势互补、追求双赢乃至多赢的局面。此外，还应当建立健全与混合所有制企业相适应的市场化薪酬机制，实行更加灵活的工资总额管理制度，在实际操作方面，可以从公司治理和管控方式、制度改革、激励约束机

制入手。

3.员工股权激励

员工股权激励，是一种将骨干员工利益与公司命运密切联系在一起的激励手段，通过授予团队骨干对公司的剩余价值索取权，赋予其股东身份，进而共享收益与风险，以降低委托代理成本，确保骨干队伍的持续性和稳定性，激发广大员工的工作积极性、创造性。

近年来，员工股权激励在企业中得到广泛应用，那些富有才干和经验的管理层与骨干员工，能够同出资者一样，进行分红，从而获得更多的收益。这种激励方式能够有效调动精英成员的积极性，激励效应显著。早在20世纪50年代，美国菲泽尔公司便首创股票期权计划。自此，国外掀起员工股权激励热潮。从国内来看，经过多年的发展，不少上市公司针对高管和骨干成员，引入各种类型的股权激励方案。

（1）员工股权激励方式。股权激励手段多种多样，如限制性股票、股票期权、虚拟股票、股票增值权等。（如图4-21所示）在股权激励实践方面，尽管我国在实施广度、深度上与国际还有一定差距，但总体上在不断完善、健全。

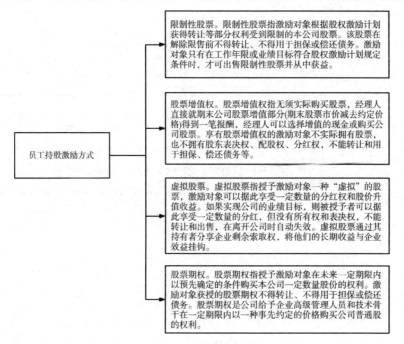

图4-21　员工股权激励方式

以上股权激励方式都将团队骨干与公司股东利益密切挂钩，员工都能获得超额收益，但基于条件和设定目标的不同，每种方式有不同的侧重方向。

（2）国企改革中员工激励和准股权激励。根据《操作指引》，国家鼓励混合所有制企业综合运用国有控股混合所有制企业员工持股、国有控股上市公司股权激励、国有科技型企业股权和分红激励等中长期激励政策，探索超额利润分享、项目跟投、虚拟股权等中长期激励方式，在物质激励与精神激励之间达成平衡，切实增强激励效果。

①岗位分红的具体内容如图4-22所示。

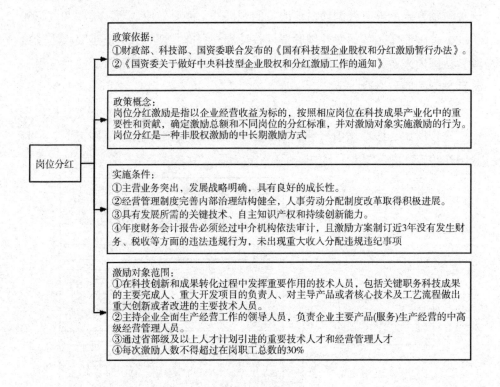

图4-22　岗位分红

②虚拟股权激励的具体内容如图4-23所示。

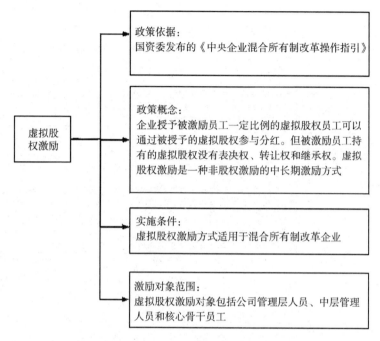

图4-23　虚拟股权激励

③员工持股计划的具体内容如图4-24所示。

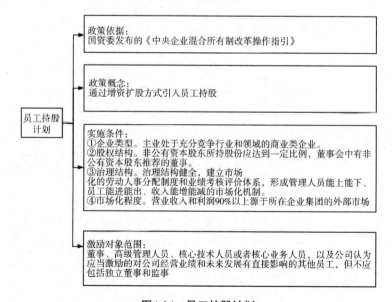

图4-24　员工持股计划

④国有控股上市公司股权激励的具体内容如图4-25所示。

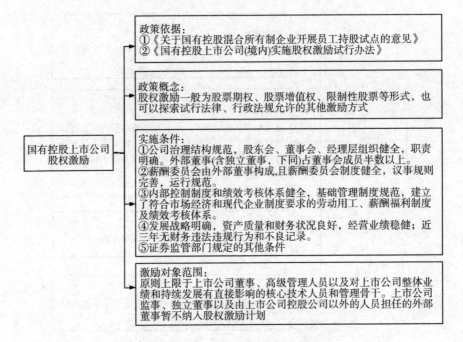

图4-25　国有控股上市公司股权激励

⑤国有科技型企业股权激励的具体内容如图4-26所示。

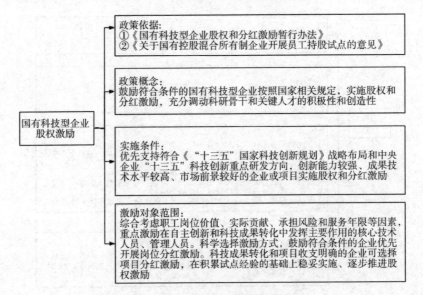

图4-26　国有科技型企业股权激励

（3）员工持股平台的运作。在股权激励中，员工持股平台是一种常用的工具，被广泛应用于有限合伙企业。这是因为，有限合伙企业设立程序简单、入伙机制简便；有限合伙企业中的有限合伙人并不参与合伙企业的日常经营，可通过普通合伙人实现对持股平台的有效控制，方便后续的人员变动管理。

在搭建持股平台时，若公司拟参与持股的员工超过50人，建议设立多个合伙企业作为员工持股平台。对于每个持股平台，其普通合伙人（GP）均由高级管理人员成立的有限责任公司（以下简称"管理公司"）担任，持股员工则作为持股平台的有限合伙人（LP）。普通合伙人对有限合伙企业的债务承担无限责任（或有限责任），有限合伙人以其对有限合伙企业的认缴出资额为限对有限合伙企业承担责任。如作为管理公司股东的高级管理人员离职或不再担任相应职务，应当在前述事项发生之日起一定期限内退出管理公司。下面以某公司拟开展的员工持股平台为例进行介绍（如图4-27所示）。

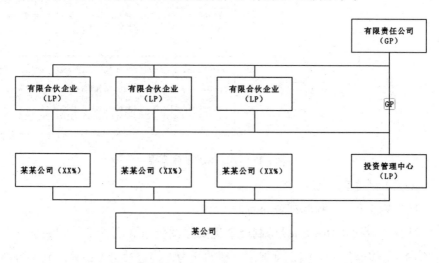

图4-27　某公司员工持股平台架构

图4-28就持股平台架构、运作、持股员工获利与退出方式进行详细价绍。

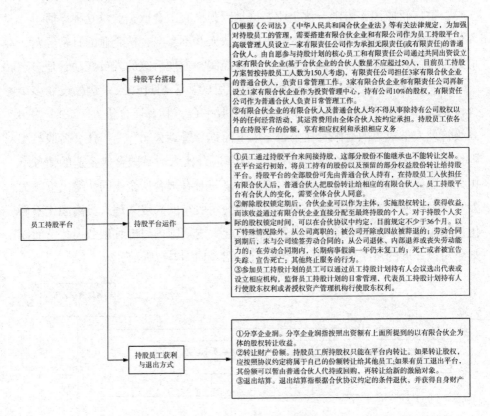

图4-28 员工持股平台流程

（三）制度创新启示

1.股权多元——制度创新的前提

纵观企业改革历程，股份制改革无疑是浓墨重彩的一笔，它在巩固公有制经济的主体地位、为国企发展注入新的活力，推进社会经济体制转型方面功不可没，为国民经济实现飞跃奠定了制度基础。股权，意味着持股人对公司剩余价值拥有索取权，能够影响企业的后续治理。绝大多数国际大企业都走上了股权多元化道路，采取股权让渡的方式，吸引各方投资者，扩大资本规模，为企业经营机制转换提供保障。

因此，现代企业加快股份制改革，进行股权多元改革，是顺应市场竞争需要、激发发展活力的关键，这也是产权制度改革的应有之义。从企业发展实践看，股权多元给企业股权的增值带来了更大的可能性，推动着企业体制机制的创新，为企业的持续发展拉开序幕。

2.权责对等——制度创新的关键

究其实质，企业制度创新涉及的是股权关系问题，这背后又体现了企业经济权益、法律权利的制度安排。对于不同持股份额的股东而言，享有的权益、承担的责任不尽相同。

①处于绝对控股地位的股东主导企业的生产经营，对重大事项拥有更多的决策权，也是企业经济效益成果的分享主体，相对地要承担资源输入、赋能发展、优化管控的责任。

②持股比例达到一定份额，对公司经营决策有较大影响的股东，承担赋能发展义务，不能只享有公司红利而对企业决策不闻不问。

③持股骨干员工、经营团队掌握企业运营权，与大股东、战略投资者、财务投资者的利益捆绑在一起，同样要经受住考验。

为确保制度创新效果，应当建立在控股股东、参股股东、持股骨干和经营团队、个人投资者之间权责对等的利益分配体系。各方根据公司章程、股东协议等，明确自身的职责，避免造成企业资产的流失。

3.动态调整——制度创新的命脉

协调企业各方利益，推动企业的可持续发展，是产权制度创新的出发点和落脚点，对此，要以客观的手段明确各利益主体对公司经营和发展的贡献，并以财产权利、法律权力的形式确定，赋予相应的企业剩余价值索取权。随着企业业务、规模的扩张，旧有体制机制难以全面反映各利益主体的贡献，此时需要对当下的利益格局、股价架构予以调整。

从国内大多数企业的实践看，开展股权多元和员工持股的企业或多或少存在利益格局僵化、活力缺失等现象，直接原因在于各主体对利益分配存在争议，从而出现员工不尽职的情形，给企业的后续发展留下不少的隐患。基于此，需要对现有制度进行创新，将其他对企业发展有贡献的主体纳入治理机制，赋予其一定的财产、法律权利，从而让企业始终保持开拓进取的活力。

第四节　现代企业制度的内部控制体系

内部控制制度，指企业董事会、经理阶层和其他员工实施，为运营效率、财务报告可靠性、有关法令的遵循性等目标实现提供合理保证的过程，涉及风险评估、监控、信息与沟通、控制活动、控制环境等多个方面。在实践中，企业经营失败、会计信息失真、各种经济犯罪行为等现象，很大一部分原因是企业内控制度缺失。一个完善的企业经营控制系统，不仅包括以资本市场、产品市场和法律规章为主体的外控制度，还包括以董事会、监事会、控制委员会为主体的内控制度。企业领导层必须重视企业整体运营，考虑未来发展规划，这直接关系到企业的命运和前途。对此，需要建立一套有效的内控制度，不断提高管理能力，增强内控动力，发挥内控在企业生产经营中的积极作用，为企业争取更广阔的发展机会，实现可持续发展。

一、内控制度在现代企业管理制度的作用

（一）确保会计信息的真实性、可靠性

在企业实务中，会计信息为信息使用者的决策提供重要的依据，信息的真实性、可靠性直接影响相关使用者的判断，其价值不言而喻。完善的内部控制制度，能够从信息的收集、归类、记录、汇总等各个环节全面、客观地反映企业的生产经营活动情况，减少弄虚作假的情况，对出现的错弊予以纠正，让财务信息的使用更加科学、准确。

（二）有效防范企业经营风险

在生产经营实践中，企业不可避免地存在各种风险，对此需要进行有效的防范和控制，以确保经营活动的顺利开展，实现组织战略目标。在企业管理中，内部控制发挥着中枢作用，能够帮助企业有效规避各种经营风险，它通过对现实的和潜在的风险进行评估，及时发现管理的薄弱环节，并采取针对性的手段将风险消灭于萌芽当中。

（三）提高企业经济效益

作为现代企业管理的重要一环，内控制度在推进企业日常经营活动的展开、提高运转效率等方面有着积极的效果。从财产物资核算、监督、保管等方

面建立健全内控制度，使得企业产权明晰、权责明确，是提高企业经营自主性和积极性的有效措施，同时，需要落实好保值增值目标、责任，妥善处理受托经济责任与利益分配关系，做到科学、有效地管理。

为确保企业生产经营活动协调、有序运行，强化财务、资金、成本等方面的管理，需要构建科学的领导制度和组织管理制度，用行之有效的内部管理制度满足现代企业可持续发展的需要，处理好所有者与经营者之间的矛盾，彼此相互信任、配合，让企业进入发展的快车道。

（四）维护企业财产、资源安全

对于企业来说，财产和资源是生存和发展的物质保障，这两种资源的安全直接关系到企业的生存与发展。财产和资源的利用得当，能够让企业极大地节约生产成本，获得更大的经济效益。这一目标的实现依赖于完善的内部控制制度，它能从采购、计量、验收等环节对财产物资进行有效的监督，保障物资使用得科学、合理，减少浪费的情形。

二、企业健全内控制度的必要性

在现代企业管理中，建立健全内控制度势在必行。一方面，完善的业务处理程序，有助于职责的科学划分，各部门相互制约、配合，在这种关系下的会计信息更具有可靠性、准确性，为企业管理者了解现状、预测未来发展提供科学依据；另一方面，企业加强内部控制，明确分工、落实素质教育，以有效的管理制度约束员工行为，提高员工的工作效率，企业的管理水平自然能够得到提升。除此之外，在经济全球化背景下，复杂多变的市场环境给企业的生产经营带来了各种风险，而健全内控体系能够让企业正确应对各种风险，采取有效的预防措施，提高风险抵御能力，保障资金使用的安全。

三、内部控制发展历程

作为一项新型的现代企业管理模式，在规范企业生产经营、规避风险、提高运转效率方面扮演着重要的角色，是对管理制度有效性的补充、完善。企业想要实现自身的可持续发展，必须综合考虑各个环节，如治理、组织、企业文化、人力资源、战略、运营过程、社会责任等，在此基础上兼顾风险与效率原则，采取行之有效的管控手段。

　　"内部控制"是西方国家市场经济发展到一定阶段的产物，经历了内部牵制、内部控制制度、内部控制结构、内部控制整合框架、企业风险管理整合框架等阶段。从内容来看，它经历了"内部牵制设计—会计控制、管理控制—会计控制、管理控制、内部环境—内部环境、风险评估、信息与沟通、内部监督、控制活动—内部环境、事件识别、风险评估、目标设定、风险应对、信息与沟通、内部监督、控制活动"的演变；从控制目标看，经历了"提高经营效率、财务报告可靠性、法律法规遵循性—保证企业经营管理合法合规、资产安全、财务报告及有关信息真实、可靠、提高经营效率、实现发展战略"的完善过程。此外，增添了"战略目标"，做到了短期利益与长远目标的相结合，为企业的可持续发展提供制度保障。作为一项科学的管理工具，内部控制是现代企业管理理论和实践综合作用下的产物，为现代企业的发展提供科学指导，其意义和作用不言而喻。

　　现代企业管理制度，是以市场经济为基础，以完善企业法人制度为主体，以有限责任制度为核心，以公司企业为重要形式，产权清晰、权责明确、政企分开、管理科学的新型管理体系，但在落实过程中缺少对应的指导内容，而内控制度弥补了这一空白。

　　随着我国市场经济的深入，大多数国内企业都认识到了内控制度的重要性，纷纷开始了这方面的实践应用。我国内控理论研究起步晚，在内控制度实践中，基本以有关部门颁发的制度为指导，并合理借鉴国外成功案例。我国市场经济尚不发达、相关机制体系不够完善。加上企业体制多元化、治理结构不合理，在建立内控体系的过程中，企业或多或少地存在控制环境不佳、手段传统、目标单一、关注战略目标不够、执行力不强等缺陷，使得内控制度与现代企业管理无法较好地融合在一起，从而影响了企业管理效率和效果。

四、企业内控制度建设存在的问题

（一）思想观念方面

　　从国内企业发展现状来看，不少企业管理者尚未意识到完善内控制度在企业战略目标实现、可持续发展中的重要作用。一方面，个别企业领导人思想传统，无法接受以风险管理为核心的内部控制系统；另一方面，企业管理者没有全面把握内控制度内涵，对制度主体内容理解得不够透彻，一套系统、科学的内部控制操作流程尚未建立，导致管理工作透明度不高，大部分情况下基本是最高领导者直接决策，有关制度流于形式。

（二）内部控制体系缺失

从企业内部环境控制视角出发，不少企业没有意识到建立内控制度负责机构的重要性，加上有关规章制度的不完善，尽管在尝试构建内控体系，但实际的执行效果不尽如人意，与预期相距甚远。一个重要的原因是内控体系的缺失。

从风险控制角度看，企业应当立足于自身管理现状，深入分析各项经营业务，及时发现管理中存在的各种问题，并采取针对性的举措予以解决，这是现代企业控制制度的关键。然而，国内大多数企业领导者缺少风险意识，不能较好地预测企业的潜在风险。

（三）内控制度执行不力

在传统的企业管理理念影响下，不少企业管理者对内控制度的认识失之偏颇，将其作为可有可无的存在。从管理实践来看，一些企业尽管建立了内控制度，但却压根没有落实，制度成为"一纸空文"，无法给企业生产经营和管理提供有益的指导。像授权审批程序无章可循、制度由企业领导一手决定、文化建设不到位、企业社会责任感缺失等，都源于内部控制制度执行力不足，这势必影响企业的生存与发展状况。

（四）内控制度监督的失位

在企业内部监督上，不少企业没能建立全面、完善的内部监督机制，在管理实践中缺乏有效的评估体系，导致内控制度的日常监督控制得不到发挥，存在的管理问题长时间得不到解决。此外，一些企业尽管设置了独立监督部门，但仅限于财务的监督，在日常经营管理方面的监督有较多的空白。

五、现代企业内控制度建设路径

（一）更新思想观念

在建立健全企业内控制度的过程中，企业管理者的观念至关重要，应当积极转变管理理念，全面认识控制制度实施的重要性和必要性，运用各种条件创设一个良好的建设环境。在这个过程中，不管是企业领导，还是基层员工，都应当在内控制度监督管理下开展日常经营工作，树立自觉遵守的意识，将不可控因素扼杀在摇篮当中。企业管理者要在充分把握自身经营管理理念的基础上，敢于突破陈旧观念的束缚，认识到内部管理活动在生产效益方面的重要意义，将内控体系建设上升到战略规划层面。

（二）完善内控制度

完善的内部控制制度，要求企业遵循《企业内部控制基本规范》《企业内部控制应用指引》等法律法规，围绕自身实际和发展需要，在坚持全面性、重要性、均衡性原则上，形成一套能够切实解决管理问题、提高管理效益的完善的内控体系，走上可持续发展道路。在建设的过程中，综合考虑外部的市场环境和企业内部的各种条件，围绕不同控制阶段和组织体系的连续性，以科学、有效的内控制度监督、规范企业的生产经营活动，提高经营水平；及时发现、分析、解决管理中的各种问题，将风险和损失降到最低；对各种业务活动展开评估，确定风险点，采取针对性措施予以解决，提高经营实效性。

（三）建立评价监督机制

在建立内部管理制度时，企业要明确预期目标，立足自身实际状况，做到因地制宜、因时制宜，有所侧重、有所选择，一个重要的内容是保证内控体系符合企业战略发展目标。鉴于此，企业管理者要在合法性、有效性、系统性的基础上，完善内控制度的评价监督机制，将不相关的职务分开，专人专岗，保障生产经营活动顺利、高效进行；以薄弱环节为切入点，遵循有关流程，有效确定、控制风险点，促进内控体系建设的完善。在这个过程中，保障企业会计部门与其他部门相对独立，在部门之间建立畅通的信息反馈渠道，一方面，确保会计信息的真实、可靠；另一方面，发挥合力效应，共同致力于企业的整体发展，推动企业的持续、稳定。

（四）宏观与微观结合

现代企业，为了更好地应对国际新形势和市场竞争，应当结合自身发展实际，建立一个集宏观总体控制和微观细节控制于一体的与现代企业管理体制相适应的内控体系。为确保内控制度的有效落实，制度内容应当符合企业的实际发展需要，不仅考虑企业战略目标实现的需要，也考虑员工个人发展的需求。一些企业迫于形势进行ISO9001质量管理体系认证，但由于管理的缺失，制度流于表面，得到不实施。由此可见，仅靠强制的行政命令要求建设完善的内控体系，来实现预期目标是不现实的；让制度得以落地的关键在于以人为本，能够得到广大员工的支持和认可。总之，企业内部管理制度是一项系统工程，不能一蹴而就，需要在长期的经营实践中发展、完善。

六、建立与现代企业管理制度相适应的内控制度

（一）完善法人治理结构，创设适宜的内控环境

法人治理结构历来是企业管理的重中之重，其实质是对公司权力的配置，通过有效的激励、监督机制，维护公司股东的权益，推动企业的可持续发展，包括股东大会、董事会、监事会和经理层，分别作为现代企业管理的最高权力机构、决策机构、监督机构、执行机构，旨在处理好投资者、管理层、监督者的关系，即制度与人的关系，在相互协调、相互配合中确保企业生产经营活动能够顺利开展。根据有关法律法规、公司章程规定，有关公司的重大决策事项必须经过股东大会；董事会执行股东大会的决议，在公司章程规定下从事管理活动，对股东大会负责；监事会对董事会和企业管理者活动进行监督，在战略、审计、薪酬提名等环节中扮演重要角色。

有关法律、规章明确指出，企业需要明确度建立"董监高"（上市公司董事、监事和高级管理人员）和独立董事的职责权限、任职资格、议事规则、工作程序，根据有关规定定期组织会议，做好信息披露工作，并予以记录；对于企业重大决策、事项、人事任免及大额资金支付业务等，实施集体决策审批或联签制。对于以上事项，任何人无权单独决策或擅自更改集体的决策意见。

（二）中长期战略与短期战略目标的结合

作为企业管理科学的重要组成部分，企业战略指引着未来的发展方向，战略的科学性、有效性直接影响方向的正确与否，关系到企业近期和中长期的发展状况。在战略目标制定的过程中，企业要加强战略管理，从战略分析、规划、实施、决策全过程进行综合考虑，围绕国家宏观政策、行业及竞争对手，全面分析市场环境，发现潜在的问题和风险，结合自身优势把握机遇，根据自身能力选择经营业务，科学设计营销模式。

同时，立足于短期和中长期战略分析，设计相应目标，规划好实现蓝图，对战略目标进行分解，落实到具体的部门和成员上，确保战略规划的实施。在这个过程中，控制关键目标节点，以实际执行情况为依据，对不合适的内容进行调试，保证战略管理的动态性、灵活性。鉴于大多数企业缺少战略管

理人才和相关行业研究，可以邀请专业的咨询公司对自身的战略规划进行分析，组织、梳理脉络，制定科学战略。

（三）重设组织架构，梳理管理职责

相关的管理体制和运行机制，是企业短期和中长期战略目标实现的关键。基于此，企业应当遵循一定的原则，在内控规范要求下对现行组织重新架构，梳理各部门职责，落实核心职责和辅助职责，尤其是前者，做好相关业务的设计工作，明确各部门的管理界限与接口。在组织结构调整过程中，应进行必要的试运行，分析此组织的运行过程与结果，对不合理的地方进行补充、完善，以确保真正实施后组织运行的稳定、科学性。

不少企业在积淀一段时间后，由单体公司走向集团化，此时的组织机构需要进行调整。在集团化管理规范下，明确集团与子公司的定位、职责，对资源进行合理配置，设计子公司的内控体系，尤其是投资方面的，在遵循法律法规的基础上履行出资人职责、维护出资人权益；关注子公司的发展战略、重大金融投资、大额资金使用、年度财务预决算、重大担保、重要人事任免、主要资产处置等事项，设计相应的管控机制。

（四）完善薪酬、绩效考核等人力资源制度

人力资源管理作为一门科学，具有价值性、难以复制性、稀缺性等特点，是组成企业核心竞争力的关键要素。在企业管理中，为了实现战略目标，企业需要充分运用人力资源，进行科学安排，努力将其转化为自身的竞争优势，这是有效面对复杂、多变的市场环境，实现可持续发展的有效途径。内部控制下的人力资源管理包括引进与开发、使用与退出，具体要做好以下工作。

（1）根据组织与管理职责要求，进行岗位分析，科学设计岗位职责，编写岗位说明书。

（2）详细阐述岗位工作任务，定岗定编。

（3）做好岗位职责评估，建立完善的薪酬制度和绩效考核体系，激励员工发挥能动性、创造性。

（4）将战略目标、年度目标、经营方案结合起来，在为经营管理活动提供全面指导的基础上，对目标逐一分解，将目标具体落实下去。

（5）注重员工培训，考虑员工职业生涯规划的需要，构建长效激励机制，实现员工与企业的双赢。

（五）建立企业文化和社会责任制度

作为社会中的一员，企业理应承担起相应的社会责任，在谋求自身经济效益的同时，发挥社会效益。在完善的内部控制体系下，企业社会责任内容十分全面，涉及安全生产、产品质量、环境保护、员工权益维护、实现就业、节约资源等。鉴于此，企业应当坚持短期利益与长期利益，自身发展与社会发展，企业与员工、社会、环境的有机统一，谋求可持续的协调发展道路。

企业文化，是企业在长期生产经营实践中形成的全体员工认同、遵守的具有鲜明特色的价值理念、经营作风、业务准则、道德规范、发展目标、企业精神的总称。内控制度要求科学评估企业文化内容，发挥企业领导和管理者的示范、引领作用，通过他们优秀的品格、工作作风和崇高的人格魅力，来增强员工对企业的归属感、认同感，增强凝聚力、向心力，在全公司上下营造拼搏进取、合作与竞争的良好氛围。

（六）基于业务层面完善内控体系

《企业内部控制应用指引》明确要求企业对资金、资产、研发、销售、采购、工程项目、合同管理、全面预算等重要事宜开展业务流程设计、整合。保留符合内控要求的业务流程，优化、改造与企业改革、发展不相适应的流程，建立起"业务流程识别—关键流程—关键作业识别—关键管理活动"的内容风险防控体系，从多个角度评价各种风险，并进行分级，设立风险控制矩阵，将较高风险纳入风险数据库，具体措施如下。

（1）构建公司高层、中层、基层全员参与的内控体系，记录、归纳业务流程中的控制活动。

（2）对无法承受的风险，建立风险管理方案、落实资源。

（3）对于较大的风险，建立事前、事中、事后交叉的网状控制系统，强化控制。

（4）对于较少或一般的风险，减少控制，提高管理效率。

（5）对风险适中的风险，进行事后审计控制，兼顾风险与效率。

作为一项综合性系统，内部控制多是若干控制措施的整合运用，涉及不相容职务分离、授权审批、财产保护、营运分析、预算、会计系统、绩效考评等方面。从内控实践来看，在注重事前的不相容职责、授权审批控制的同时，还要强化事后的内部审计控制，对组织业务进行风险评估，以提高企业管理效率，这在国企改制中尤为重要。

综上所述，建立健全现代企业内部控制制度，在维护组织财产安全、提高生产经营效益、实现战略目标中具有积极的意义。国内企业应当立足实际，结合自身发展需求建立科学、有效的内控体系。从企业管理者层面看，应当转变管理理念，采取各种手段发挥内控制度在经营管理中的作用，将其纳入企业战略层面，促进企业的可持续发展。

第五章　现代企业科技的创新发展

第一节　科技创新的现实与意义

一、科技创新的定义

科技创新包括基础性科学研究和技术研发两个方面。针对一项科学成果是否先进、原创，以及是否有所突破的问题，通常会采用实验、分析、调查等方法开展研究，注重原创性理论的研究；而技术创新则更多地关注技术的发明、创造、应用。

因为一些历史的因素，很多科技创新都以技术创新为主，所以，很多公司都习惯于将科技创新的重点放在技术创新上。本文中的科技创新是一个更宽泛的概念，包括了一些科研方面的内容。技术创新的简洁概念界定为：一项新工艺或产品从研究、开发到投入到市场并投入使用的一系列活动的总和。

对于技术创新的定义，不同学者与组织有不同的见解。傅家骥认为，技术创新为将技术转变为可销售的商品，实现经济价值，获得经济效益的行为、过程。周道生、赵敬明等人认为，技术创新是企业应用的创新知识、技术、工艺生产方式、经营模式、服务、产品等，以此来占据市场份额，实现市场价值的手段。经济合作与发展组织（OECD）认为，技术创新为新的产品、工艺、工艺技术变化。

本文所说的企业技术创新，是在特定的条件下，通过研究、发明、创造和应用新技术（包括新的工艺、流程、材料、配方、方法等）等方式，来实现增强竞争力、满足新需求、创造新价值的整个过程。这个概念包含了技术创新的简洁概念、以该活动为重心展开的科学研究。

技术创新管理即在实施技术创新的整个过程中进行的管理工作。旨在构建一个合理的组织体系，采用科学的运行、管理方法，充分动员各方资源，为技术创新提供一个良好的环境。

二、技术创新的特点

（一）技术创新的特征

1.技术创新的基础是技术发明

技术创新是基于技术发明的活动，并非简单地对管理、组织、制度进行改动。

2.技术创新内容丰富

技术创新的内容包括：对原有技术的颠覆性创新、对现有技术的完善；对新产品和新工艺的研究和开发，对已有产品和工艺的改进。一般都以提高企业的核心竞争能力为中心，坚持市场导向、价值导向和问题导向。

3.技术创新以经济效益为导向

技术创新以技术商业化为最终目标，以获得经济效益（甚至可能包括社会效益）来衡量技术创新行为的成败。

（二）技术创新与相近概念的区别

1.技术创新与技术发明的区别

技术发明侧重于研发新的技术，是技术创新的前提，技术创新是技术与商业化之间的桥梁。

2.技术创新与技术成果转化的区别

技术成果转化通常是指将技术转化为成熟的工艺，经过放大化与规模化后，推向市场。技术成果转化与技术创新的目的相似，但前者在本质上仍然包含于技术创新之内。

3.技术创新与技术改造的区别

技术创新与技术改造概念不同，后者主要是通过应用新的工艺、流程、标准等，优化和完善原有的装置、设备、操控方式等，以实现最佳的运行状态。技术改造的基础条件通常为新技术、新成果的应用，从而获取更好的回报的方法。

三、科技创新的意义

（一）科技创新对国家层面的意义

科技创新不仅是国家战略，是我国建设创新型国家的要求，科技创新更是促进国家高质量发展的基础条件。我国现阶段尤为需要科技创新，来进一步促进经济发展、改善民生。科技创新承担着推动经济发展、满足国家重大需要、保障人民生命健康、提高科学技术深度与广度的伟大使命与期望，这也是现阶段科技创新的趋势。

（二）科技创新对企业层面的意义

企业需要把握好科技创新的契机，努力研发新技术，为国家科技强国梦提供支持。技术创新对企业而言，是生存与发展的核心动力，更是企业需要面对的挑战与机会。在互联网、大数据、智能制造环境下，世界变化更加迅速。技术创新对于实体企业，是转型、升级的途径与提高发展质量的要求；新兴产业也需要通过技术创新来提高自身价值。由于所有的企业都有实现高质量发展的目标，企业经营环境变得越来越复杂，在市场上的竞争也更加激烈，这就越发突出了技术创新的重要性与影响，甚至可以说，它对企业的生存与发展起着决定性的影响。主要表现为以下几点。

1.技术创新是提高企业在市场上的核心竞争力的最有效途径

技术创新是企业开发新的商品、改善生产技术、提高产品与服务质量、实现企业整体竞争力提升，以保障其竞争优势，获得持续发展动力的主要渠道。

2.技术创新可以延长企业优势技术的领先时间

新技术固然能为企业开辟新的市场，带来新的利润来源和成长空间，但也会带来大量的模仿现象，造成激烈的竞争。尽管企业可以利用各种途径来抵御风险，比如知识产权的维护，但是，随着企业的发展，其对新技术的应用和宣传势必会带来收益的下降，因此，对于企业来说，技术创新是一件需要长期进行的工作。

3.技术创新是企业经济效益持续提升的客观需要

在技术水平不变的情况下，尽管可以通过加强企业的经营和其他手段达到降低成本和提高效率的目的，但是其效益是非常有限的。实践表明，技术进步的程度将直接影响到企业获得经济利益的可行性范围。所以，企业要想获得较大的经济利益，就要对技术进行持续的改进和创新。

4.技术创新是企业实现反超的推动要素和基本形式

在相同的领域内，企业的创建通常存在着不同的顺序，如果新建立的企业要在这个行业中，建立起自己的独有的竞争优势，那么技术创新就是一种非常行之有效的方法。而较慢建立起来的公司，在新技术的支持下，更是可以实现对传统商业模式、产品模式的改变，从而催生出一个新的产业群。

5.技术创新受到国家多项政策的鼓励支持

国家对企业创新的重视度，能从税收政策体现出来。对于高新技术企业，只用缴纳15%税率的企业所得税，而非高新技术企业需要缴纳25%的法定税率。这对于激发企业技术创新的积极性，推动企业加大技术创新投入比重起到了促进作用，也能使企业享受到更多的国家优惠政策。

第二节　技术创新的路径与方向

一、技术创新管理的新趋势

（一）以柔性管理为主要方式

技术创新商品化的过程中，会有很多的不确定、不稳定的因素，比如，市场供需状况、竞争对手、技术更新等。在这种复杂市场环境的背景下，企业技术创新活动管理就具备特殊性，也就决定了技术创新管理应采用柔性模式为主，即以人为本的人性化管理。特点是打破常规权力的限制，以员工的主动性、潜力和创造精神为核心，注重平等、宽容，在考核上兼顾物质与精神两个方面，在领导关系上趋于扁平化。

（二）以问题和市场为主要导向

对一个企业来说，市场是企业的根基，是企业与竞争者进行激烈的较量的阵地，是企业的生死存亡与发展的关键。所以，要把发展的根本方向放在市场上，把问题与需求当作改革的首要出发点。这里说的"市场"，是指世界范围的市场，也就是说，要用国际视野来看待问题。有大志向的企业，应把目光锁定在颠覆、突破和领先的技术上；对传统的企业来说，要以更优的技术为目标；对于持续运行的企业，应当追求更加安全、绿色、长周期、最优（质量）的生产。

（三）以合作协同创新为主要模式

企业可以根据自身的情况（资金、人员、设备等），对某些关键技术、前沿技术展开研发，但这一方法往往会产生较高的费用，且有着较高的失败风险。在经济全球化背景下，市场竞争日益加剧，企业如果只靠自己的力量，很难开发出具有竞争力的技术与产品。因此，加强对外的协作是一个必然的趋势。在进行合作创新的过程中，可以选择具有技术、资金、市场优势等的合作伙伴，组成一个技术创新共同体，让技术和信息得到充分的分享，共同承担研发的风险，实现多向助力，提高技术创新的成功率。正是由于这些明显的优点，使得协同创新已经逐渐发展为一种新型的技术创新方式。

二、技术创新的分类和路径选择

（一）技术创新的分类

1.开创型创新与改进型创新

（1）开创型创新。开创型创新即通过改变材料、产品、技术装置的原理、技术和方法，例如，挖掘新的材料、功能、配方中的比例与条件等，对原有的技术、装置性能产生颠覆性或者突破性的进展，

（2）改进型创新。改进型创新是一种通过对已有技术或产品进行显著改进而产生的渐进、持续的创新。而在此基础上，对现有技术进行"改进型创新"是可以实现的。所以，企业要随时做好获得更好技术的准备，以促进其生产和运营。在不同时期，开创型创新与改进型创新两种类型要交替使用。开创型创新在进入到市场之后，将会引起一批改进性的革新，进而引起相应的技术进步。然而，这样的技术进步的发展速度会越来越慢，此时，新的基础性研究便会出现，并取得新的突破，产生新的成果，这称为技术转移。

2.产品创新和工艺创新

（1）产品创新。产品创新改进原有产品性能、用途、功能的技术，形成新的产品。例如，一项产品集成了不同阶段的新技术，实现了性能的大幅度改进。

（2）工艺创新。工艺创新就是在流程方法上进行革新，通常是为了提高

生产效率、降低生产成本、提高产品质量、提高安全环保程度等。比如，利用工艺创新，可以有效地降低产品的缺陷概率，提高在单位时间内的生产效率。

而在技术革新过程中，工艺创新又是一个不容忽略的环节，它与提高产品质量、降低原材料消耗和提高生产效率有着紧密的联系。产品创新和工艺创新往往是交互作用的。技术革新是否具有经济价值，不一定都是由它属于产品创新还是工艺创新决定，而是由它的应用来决定的。

3.自主创新、学习创新与合作创新

（1）自主创新。自主创新即企业通过自身努力，克服技术上的难点，推动后续创新的所有环节，实现技术商品化，获得经济利益的活动。这是一种内生性的技术突破，在这条道路上，企业可以首先研发出某种新的产品，并且在一定的时间内，始终保持行业的领先地位，也就是说，企业能获得更大的市场占有率，从而获得更高的利润。一般而言，像这样具有领先性和前瞻性的创新技术、产品，往往都是由处于市场领先位置的企业所推出的。自主创新有着强烈的开拓意识、巨大的风险、巨大的潜在回报等特征。不管什么时候，中国的企业的自主创新都要走自己的道路，以解决其在一些重要领域受到限制的问题。

（2）学习创新。学习性创新指的是通过对现有技术的借鉴，对产品进行升级、优化和创新。它是一种以合法途径、方法、手段等为依据，对引进的新技术、产品进行再创新的形式。换句话说，就是企业对现有技术、产品进行借鉴后重新进行开发。在这一流程中，可以从技术的选取和市场上的产品两方面入手。

学习创新包括完全学习创新和学习后再创新。前者是指尝试复制市场上已经存在的产品；后者是在引进技术的基础上，将已有的产品作为赶超对象的创新模式。

学习创新的优点是能够节省研究和市场开发的费用，能够在某种意义上减少投资的风险，还能够帮助企业加速技术的累积，但是它也存在着被动适应、容易受到技术障碍的限制等不足。此外，学习创新要符合知识产权的规定。学习创新和技术抄袭在本质上存在区别。如果，在行业中，企业自己拥有的资源和技术，还没有能够使企业跻身于一流的水准，那么，选择学习创新是一种稳妥的发展战略。

（3）合作创新。企业的合作创新通常体现在企业之间、企业与科研机构、企业与高等院校之间的联合创新活动中。针对有创意、知识，但缺乏资金或运作经验的企业，合作创新无疑是最佳的选择。随着全球技术竞争日趋激烈，企业活动日趋复杂化，协作式创新已成为企业中最为普遍和高效的一种创新方式。合作创新实质上是对自主创新和学习创新两种方式的重新开发。

（二）技术创新路径的选择

1.技术创新的路径规律

在现实生活中，企业的技术创新并不局限于一种方法，而是呈现出对多种方法的优选、取舍或结合的方式，这些行为活动就构成了技术创新的通道或路线轨迹。

由于行业类型的差异，企业进行技术创新的途径也不尽相同，但是其途径是有一定的规律性的。技术创新是一个由一系列不同但相互联系的环节和节点构成的，从提出创新理念到最终成为被市场所认可的技术和新产品，一般要经过理论基础研究、应用基础研究、技术创新构想提出、实验室研究、中试开发、工业示范、工业应用、市场化和商品化等多个重要步骤，并在这些步骤的基础上，不断地进行技术（产品）的更新和改进。这是一个不断进行价值转移和提高的过程，在这个进程中，上游和下游节点都是相互关联的，因此，要保证在这个进程中，每一个节点的价值都能够得到体现与转移，这是技术创新一个重要的先决条件和依据。技术创新的特征是厚积薄发，它需要深厚而扎实的知识与经验的积累。在技术创新过程中，理论基础和应用基础研究是激励技术构思或思维的源泉，而多学科的交叉协作与整合是技术创新面向产业化应用过程中，不可或缺的一种方法。同时，良好的创新环境和创意精神也是创新成功的重要条件。

技术创新的路径选择较为丰富，在对技术创新的过程、成果进行评价时，针对某一个环节的技术创新方法适宜程度进行评价是不必要的，应该评价其体现出的整体效果。而对于企业来说，如果技术创新的整体效果和现有的资源相符，且能促进企业技术创新能力的提升，则企业的技术创新路径是有效的，反之则无效。

2.我国企业技术创新模式基本类型

（1）自主技术创新模式。该模式的开展流程为：研究（基础／应用研究）—试验发展—生产工程（设计与工艺）—试制／试销—批量生产—销售及售后服务。该模式通常用于突破性技术创新，特别是突破技术垄断的情况。自主技术创新模式需要投入大量的资源，而且也对企业自身技术研发实力提出了较高的要求。如果取得了一定的成果，不仅可以带来巨额的利润，还有可能颠覆整个行业的发展趋势。

（2）学习创新模式。该模式的开展流程为：技术选择—技术引进—消化吸收—改进—技术再创新—技术服务。在企业自身的技术与资金实力较弱的情况下，常会选用该模式，企业可以通过引入行业中先进的技术，来满足企业和市场发展的需要，然后经过消化、吸收、改进、再创新，将现有技术进行升级，并将其转换为自主知识产权。该模式能帮助企业从"跟随者"的地位向"领跑者"的地位转变。大部分发展中国家会选用这种模式。

（3）合作创新模式。合作创新可以促进合作双方的技术、资源共享与优势互补，在明确的目标指引下，双方可以一起参加研究过程，从而得到单凭自己的力量不可能或者难以得到的结果，最后双方一起共享成果收益。

近年来，"政用产学研设"（政府部门、用户、生产企业、高校、研究单位、设计单位）的合作方式日益受到人们的重视。这种方式将产学研相融合，并将市场作为导向，明确政府在构建开放式创新平台和政策方面的作用，以及使用者在创新过程中的主体位置，在重大科技攻坚项目的实施中发挥重要的作用。

3.技术创新路径选择的判断标准

企业技术创新的路径选择并非一定之规。在进行技术创新路径选择的时候，企业要对选择的路径进行评估，不仅要从当前的需求出发，也要把目光放长远，从而找到与企业的发展需求最相适应的技术创新道路。目前，我国的技术创新环境在不断改变，传统方式已经不适应时代发展的要求了，一方面，随着我国的发展，传统模式已无法发挥更大的作用；另一方面，从现实的要求来看，企业对关键技术的依赖度与日俱增，技术创新已经到达了关键的"突破期"，所要突破的部分问题是没有可借鉴的先例的世界难题。这些变化，都迫切需要企业加速研发模式的变革，并在国际、国内协同创新的基础上，通过自主创新来实现某些核心技术的突破。

三、技术创新方向的预测与选择

（一）技术发展方向预测的主要方法

1.趋势外推法

趋势外推法是建立在历史会继续发展并通向未来的假定上的。企业可以运用该方法识别、分析技术发展趋势将会为企业发展带来的机遇与挑战，将此作为选择技术发展方向的重要依据。但需要注意，该方法是以过去到未来的连续性发展为基础的，不能将该方法用于预测突破性技术。

2.前兆预测法

前兆预测法的一个重要科学依据就是事情具有一定的因果关系，它能够对将来的技术变化做出预测。其核心是识别先兆事件，通过辨别，将一些不切实际的设想（路径）进行筛选、剔除，并将发展方向引导到正确的发展趋势上。前兆预测法是实现技术创新的一种重要手段。

3.前景法

前景法是通过对环境内部和外部的综合分析，对可能发展的情况进行描述、分析和规划的一种新预测方法。这不仅是一种预测方式，而且是一种规划编制的手段。前景法在政策制定、战略目标设定及战略规划制定方面，具有较大的应用价值。前景法能够补足传统趋势外推法、前兆预测法的限制，它不是一种单纯的确定型预测方法，而是对一些可能的发展前景进行展望，并对这些发展前景进行评估。

在当今社会中，重要技术的发展日益受到多种条件的限制，传统的单因素预测方法已经不能满足对重要科学技术进行发展预测的要求。事实上，在现实中，技术创新并非始终遵循一条渐进发展的路径，而是经常被重要的变化所打破，进而引发出新的路径。当前，技术中断的预测主要有两种方式：一种是积极地开展技术创新过程管理，另一种是利用前景法预测可能发生的技术不连续性。二者可以相互补充、共同使用。

（二）技术创新方向的选择

1.市场形势

市场受到各种因素的影响，可能会产生明显的波动与经济起伏，选择技术创新方向时，同样需要考虑市场的经济形势变化因素。市场形势通常可以分为繁荣与疲软两种状态,工艺创新与产品创新在不同的市场状态下选择方向如图5-1所示。

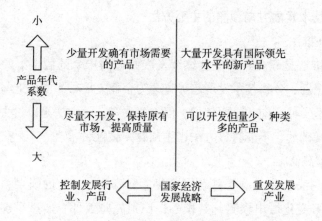

图5-1 不同市场状态下工艺、产品的创新方向选择

2.企业规模

同一个行业的企业规模不尽相同,主要表现在技术力量、政策保障、资金占有量等的差异。由此,企业在选择技术创新方向时,应选取与企业实际情况相符的技术创新重点。具体如图5-2所示。

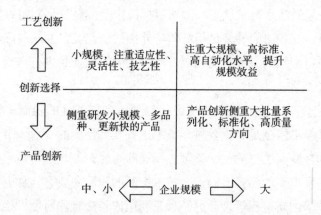

图5-2 不同规模企业工艺、产品的创新方向选择

3.产品寿命周期

在激烈的市场竞争中,各类产品都会有自身的寿命周期,在产品寿命周期的不同阶段,技术创新方向选择也有一定的区别,企业需要明确什么阶段选择产品创新与工艺创新。

在产品初始投入阶段，技术创新方向应注重于产品创新；在产品的成长期，技术创新方向应注重产品与工艺的结合创新；在产品的成熟阶段，技术创新方向应为工艺创新；在产品的饱和阶段，技术创新方向应为工艺创新。

4.产品年代系数和投入产出比

企业技术创新的目标包括效益目标和技术目标，前者是投入与产出之比，后者是通过分析产品年代系数（产品开发年代与产品水平年代的差数，比产品开发年代）来判断的。产品开发年代即从事研发的起始年份，产品水平年代是当前主流产品达到其生产工艺、性能和质量的年份。可以结合产品年代系数、投入与产出比来选择创新方向。具体如图5-3所示。

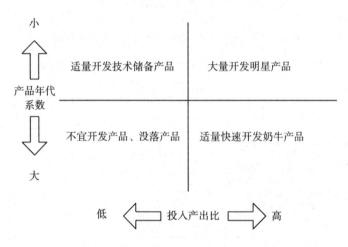

图5-3　不同产品年代系数、投入产出比产品的开发依据

5.国家经济发展战略

在国家层面内，要尽可能地实现各个行业之间的协调发展，但是在现实的发展中，经常会存在不同的产业之间的不平衡，这时，国家就会采取相应的措施，对这些不平衡进行调解，并重点发展某些"瓶颈"的产业。这样，在这些行业里，企业就要承担起研发新产品的重任；而且，也要限制那些已经过时的，或者是多余的产品。在这种情况下，每一家有关的企业都要按照国家的发展策略，来进行技术创新的调整。具体框架思路如图5-4所示。

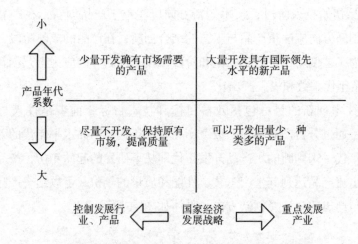

图5-4　国家经济发展战略对产品开发方向的影响

综上所述，技术创新方向选择方法的大致框架如图5-5所示。

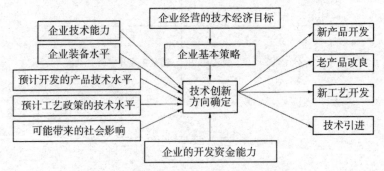

图5-5　技术创新方向选择方法（考虑因素）

第三节　技术创新的过程管理

一、项目立项／开题

当有了明确的研究方向后，要对具体项目的生产及市场需求、技术的创新性、研究内容、研究的基础支撑条件、预期的应用前景等内容展开详细的分析与研究，这都是在项目立项／开题的时候要仔细进行的论证工作，它是整个管理流程的开始，也是最关键的一环。所以，研究管理部门要制订出一套关于项目立项／开题的管理条例和程序，以便让企业可以对所申报的项目做出更加科学、更加客观的评估，以确保项目立项／开题的质量，并将其首道关口给守好。

一般用专家评价法来对项目立项／开题的需求性、创新性、可靠性、效益性等进行评价，项目立项/开题的评价体系如图5-6所示。

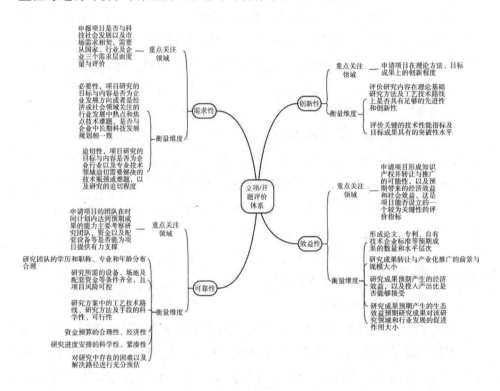

图5-6　技术创新方向选择方法（考虑因素）

在进行技术创新项目的立项／开题评估的时候，除了要参考上述几个重要的评价标准，还要根据企业的经营和产业特征，对评价标准进行分门别类的提炼，从而构建出一系列高效的项目立项／开题评价的标准和流程。

二、项目组织管理

（一）技术创新项目管理的核心思想

技术创新项目管理有别于一般作业类项目管理，后者的工作重点是对项目推进的效率、进度和完成的品质进行评估。但技术创新的项目管理通常应用于技术要求高、工作量大、周期较长、不确定性因素难以预测的任务或项目，它是一种以项目目的为指导的系统管理工程，它会在项目的全生命周期中持续存在。技术创新项目的管理要求采用更加科学细致的方法，对项目进行有效的指导与组织，才能在有限的时间与经费下，取得预期的技术成果。

在上述特点的基础上，建立一个临时的灵活机制，高效地指导和组织项目的执行，并对项目的整个过程进行动态和精细化管理。从而达到在项目实施的不同阶段，对各种资源进行合理科学的调配和共调，使项目尽可能地保持在最佳的运作状态，在更短的时间内达到预期的效果。项目经理负责制是一种适合于技术创新项目管理的组织形式，它的建立以某一具体项目的研发为基础，与按职能分配的平行结构相比，它的组织形式是垂直的。

（二）项目经理负责制的特征

项目经理负责制的特点是，在团队中的每名成员都拥有清晰的职责和明确的分工。项目经理负责为项目的进展展开顶层策划，对人力、财力、物力的使用进行协调和安排，从而将团队成员的潜力和积极性都发挥出来。由此可见，一个好的项目管理人员是一个企业的中流砥柱，选择一个优秀的管理人员非常关键。当前，我国许多公司已经在实施项目经理负责制，并将其应用于管理领域的重要项目，收到了良好的效果。

（三）项目组织的构建

在项目经理负责制的架构中，首先要明确项目管理人员的选择。申请立项／开题的牵头单位或承担单位在开题设计时，可以进行推荐，并经过管理部门的审核。而在某些重大技术研发项目中，企业也可以向社会公开招募项目负责人。通常情况下，一个专案项目仅有一个项目管理者；在涉及多个部门的时候，可以按照具体的项目和方案的复杂性，增加一个或者多个方案的副经理来辅助方案的执行。每一家企业对项目经理的职位和责任的需求都存在差异，但对其在本行业中的理论技术水平、锐意创新能力等都有很高的要求。在职责上，主要包括科技项目实施、确定技术路线、识别和防控风险、申报知识产权、年度及中期检查、验收等工作。

项目创新小组一般是由项目负责人发起的，其组成的小组中，科研人员的遴选起着非常重要的作用，也是项目成功的关键因素。小组成员的人数应根据项目的复杂程度和研究的范围来决定，整体上应坚持"精简"的原则。

在项目立项／开题时，要对项目中的合作模式进行详尽的论证。一般情况下，在给出了技术构思或设想之后，项目经理就会以该技术构思为中心，对其进行分析和探索，从而对其实施的途径进行研究。在这种情况下，无论是选择自主、学习还是合作的方法，都可以进行深入的研判。在当前，技术进步的步伐变得更加快速，单纯的独立自主或者是原创已经无法与飞速发展的技术相适应了，所以，在项目的建设过程中，选择合作或共同开发的单位已经变成了一项十分关键的工作。因此，项目经理要在项目的立项／开题的过程中，按照项目的要求，选择一家或者多家单位进行合作或共同研发，并将它们列入项目组织和团队中，对其进行统一的协调和管理。

以项目管理理念为参考，在技术创新项目中，要广泛采用矩阵式的管理方法，从而让组织能够有效地运作，并有助于资源的共享与调度。

三、年度中期检查与验收

年度／中期检查属于一项在项目组织实施管理过程中的关键制度和流程，其主要的目的是，利用对项目进度进行定期的检查和督查，对项目实施中出现的重大问题及时发现和解决，从而对该项目是否能够实现预先确定的任务目标作出判定。在无法实现预期的工作目的的时候，可以强化对资源的调度与保证，此外，还可以以该计划的进度和实施状况为依据，对计划中的重要进度节点、重要研究内容及资金等重要问题，向相关人员提交调整请求，然后在经过相关专家论证和相关的主管部门或主管领导（如公司没有上级单位）研究之后，给出调整、撤销或终止的处理建议。同时，在实施阶段，年度／中期检查亦能有效地减少企业在此阶段所面临的风险。

年度／中期审查，以项目的任务书为依据，审查内容具体有以下几个方面：项目总体的进展情况，尤其是任务书中标明的中期目标和考核指标完成情况，以及是否存在研发内容的重大调整；项目的主要领导及责任主体履行职责的状况；项目经费的分配和运用，有无遵守有关政策；项目进展中的主要问题，包括技术上遇到的瓶颈，外部条件变化带来的新挑战，项目、人员、资金管理协调，以及后勤保障上的问题等。

年度／中期检查一般采取会议报告讨论、实地考察或二者相结合的形式，同时还应安排一支由专业人员组成的视察小组。专家团队应由技术、行政、金融等方面的专业人士组成，并严格按照国家的保密条例进行。技术革新工程的竣工时间通常为3个月以内。首先是由技术攻关小组或科研机构，向科技主管部门提交科研成果的验收申报材料，并提交科研成果的验收资料。重点研究的项目，要等到投产后才能验收，或者是成效明显时再进行验收。

技术创新项目验收与年度／中期检查比较，考核的内容更为综合、全面，主要包括：在立项时计划任务书中规划工作的完成情况、取得的主要创新成果及知识产权、技术有形化实现情况等。与技术革新有关的资料主要有：项目研究报告、技术有形化资料等。技术创新项目验收方式如图5-7所示，由科技主管部门或任务下达方确定。在对技术创新项目进行综合评价后，验收结论的分类以及每种结论的描述如图5-8所示。

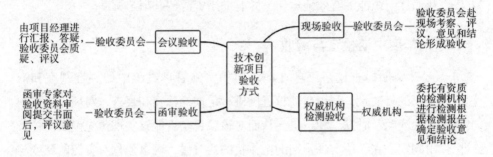

图5-7 技术创新项目验收方式一览

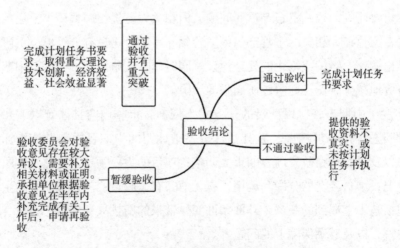

图5-8 不同验收结论描述

四、项目后评价

项目后评价是一种对项目实施后的项目目标、实施过程、效益、影响等进行系统、客观地分析与归纳的技术经济行为，该方式始于19世纪30年代的美国，目前主要应用于各国际机构对项目实施后的经费使用情况进行评价的环节。当前，我国许多大型、中等规模的企业已经开始参考投资类项目的后评价法，对技术创新的后评价进行了探索。

后评价工作由企业的相关部门或领导组织专家、相关部门及参与机构，根据企业的后评价方案，通过会议评审和现场核查相结合的方式，有条不紊地开展评价。在进行后评价工作之前，通常要进行自我评价，并编制自评价报告，以此为依据进行后评价。评价的重点是六个方面，具体如图5-9所示。

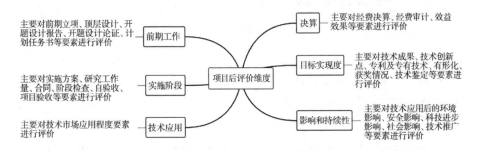

图5-9　项目后评价维度一览

在对各个因素进行深度的定性与定量的分析后，再根据一定的权重及分值进行全面的评价，从而对项目的立项到验收的整个过程中，存在的一些重要的经验及不足开展较为全面的归纳，进而能够让项目在技术创新的基础上，达到持续改进的目的。

五、技术创新成果鉴定（评价）

技术创新成果鉴定（评价）是技术成果转换的首要步骤，是技术成果转换的关键步骤，是技术成果转换的动力与支持。科技成果鉴定（评价）的目标是全面地对所获得的研究结果进行剖析，从中挑选出适宜产业化和规模应用的部分；同时根据使用者的需要，将技术优势发挥出来，为其进一步的应用和商业化打下坚实的理论和实践基础。

技术创新成果鉴定（评价）的对象分为两种：一是在国家范围内，列入了国家科学技术发展规划的应用技术成果；二是在企业、科研单位、大专院校层次上，已有了依据市场需要，自行或合作研发的应用技术成果。技术创新结果的鉴定（评价）包括：技术的原创性、成熟性；产生的经济和社会效果；未来发展的前景。

技术创新成果鉴定（评价）过程类似于技术创新项目的验收过程。当前，我国技术创新结果的鉴定（评价）主要由第三方专业鉴定（评价）组织进行。在选定了鉴定（评价）组织后，申请人应当按照规定提交鉴定（评价）的全部资料。在经过鉴定（评价）通过后，由鉴定（评价）机构发放相应的科学技术成果鉴定证书和科学技术成果登记证书。

六、技术创新成果的定价

（一）技术估价需要考虑的主要因素

1.研发成本

研究开发费用是影响技术定价的主要原因。因为技术的特点不同，除了研究开发费用，还需要考虑其他的影响因素。

2.技术性能

技术性能也是技术成果自身的属性，需要考虑三个因素，具体见图5-10。技术先进性、成熟度和生命周期三者有密切的联系。领先技术尽管竞争力更高、生命周期更长，但是其成熟度也会更低、技术存在的不确定性也会更高；相对来说，一个已经发展起来的技术，其生命周期会比较短暂、可靠，所以在定价时需要进行全面的分析和考量。

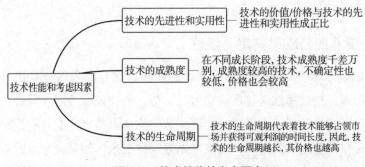

图5-10　技术性能的考虑因素

3.技术交易方式及次数

技术交易有很多种方法，比如独占许可、普通许可、交叉许可等，各种许可方法的价格也会有很大的差别。而且同一技术随着多次转让的进行，其所有权会更加分散化，其技术的价值也随之降低。

4.技术的供求状态

新技术会随着产业的发展而产生相应的需求量，而在市场和行业内，新技术的供应小于需求时，就会出现涨价现象。

5.技术的开发和使用风险

技术的开发风险越大，价格越高。反之，使用风险越大，价格也越低。

（二）技术估价的主要方法

1.成本法

成本法有两种方式，一是理论成本，二是实用成本。在理论成本法尚未发展起来的今天，实用成本法仍然被广泛使用。企业的实用成本主要包括研发费用、交易费用和无形损失费用。

2.市场法

市场法指的是在市场上找到类似技术的交易价格，并将其作为参照物，对自己的技术与市场上现有技术之间的利弊进行全面的对比，最后对自己的技术价格进行评估和调整。

3.效益法

效益法是对企业在预期生命期内所取得的经济效益进行估计，然后进行相应的换算，从而得到企业的技术价值。

4.定性分析法

定性分析法是将技术和市场方面的专业人士联合起来，全面评估技术的成本、性能和市场推广、使用的潜力，并对技术定价的方法进行统一的商议。

（三）技术估价方法的选择

上述每种估价方式都有其优点和不足，也有其适用范围的局限性。比如，市场法尽管容易实施，但是它要求有适当的技术作为参照，有些技术很难取得类似的技术成果，这时就可以采用定性分析的方法。

在实践中，最常用的方法是效益法，它既具有一定的可操作性，又具有一定的实用性。为了使估价结果更加合理、准确，通常会与其他评估方法同时使用，进行综合比对，以避免只使用一种方法进行估价会出现偏差过大的情况。

对企业来说，可以参照《科技成果经济价值评估指南》（以下简称《指南》），《指南》中对评估方法、程序等都给出了明确、详尽的说明，企业可以根据《指南》，结合企业自身的技术特征和所研发技术的实际情况，尽量综合地选用估价方法，同时也可以通过聘请第三方评估机构，对技术价格进行更加客观、合理的评估。

（四）技术定价的策略

1.生命周期

一项技术在它寿命中的各个时期都有自己的定价战略。例如，在科技发展初期，特别是高新技术，卖家希望能以高价销售；在买家看来，新技术系统尚未完全成熟，且存在一定的风险性，所以一般都是以中、低价格采购。

2.创新程度

对于那些具有较低创造性的技术来说，因为其很容易被突破并模仿，所以卖家并不适合使用高价的方法，可以相应地降价，这样对更好地实现其价值并获取更多的市场份额有较大的好处，与此同时，还能回笼资金来开发新技术；对于那些有很强创新能力的突破型新技术来说，其拥有很强的竞争能力，所以技术拥有者可以采取高价的方法来对这些技术进行定价。

七、查新

在科技创新活动的立项／开题阶段，技术查新是一个关键的先导环节，其成果是衡量一项科技创新活动是否具有先进性、新颖性的一个重要的参考指标。技术查新能够避免与学者和机构的研究内容重叠，避免资源浪费。

所以，选题要在已有研究的基础上，进行新的探索与开拓，以确保研究的品质与意义。同样地，在企业技术创新项目中，开展立项开题的高效查新能够让企业的研发人员比较系统、全面地了解某一领域的技术现状和发展水平，从而能够对将要研发的新技术有清晰的认识。

技术查新实质上是科技情报研究的工作，它的工作程序需要严格开展，它是文献搜索与信息调查的结合，它的成果要具有科学性、准确性和公正性。一般情况下，项目团队将科研成果提交到查新机构，项目团队和查新机构之间商定查新内容并签订合同，查新机构按照《科技查新技术规范》（GB/T 32003-2015）编制科研成果的查新报告。项目团队根据查新结果，判断科技创新项目的研究内容有无必要进行修改，并进行前期开题／　立项的准备工作。

　　在编写查新委托书时要注意：对查新的内容进行界定，确保其查新的广度和效果；要对查新的技术要点进行详细的界定，这些要点的内容不能太过广泛，而且还不能将所涉的技术秘密要点包括在调查内容中。

八、技术保密

（一）技术保密的范围和密级

　　要搞好技术保密工作，首先要有一个科学、合理的界定，界定的原则是保证技术保密的安全性，同时也是推动技术进步的前提。界定工作要确定涉及机密的技术名称与范围、保密等级与保密范围。

　　技术秘密的范围包括：涉及企业商业秘密的技术项目、专题等；研发形成的需要保密的成果、资料等；会损害企业商业利益的技术文件、信息等。

　　技术保密的关键性内容包括：对科技创新的研究目的、研究路线和研究过程的记载；主要技术和实现方法；主要产品的原材料组成，生产工艺、生产设计方案；技术创新项目中涉及的重要实验方法、数据和结论；技术创新成果中涉及应用的相关信息。

　　国内外已经公开的，国家法律、法规或者有关规定要求公开的不涉及企业商业利益的技术项目不应划入技术保密范围。技术秘密通常分为核心商业秘密和普通商业秘密，保密期限通常为10年和5年，或者根据实际适当延长保密期限。技术创新组织实施过程主要在开题立项、结题验收两个节点进行定密。

（二）技术保密的管理要点

　　落实技术保密工作责任，要有科学的技术保密工作体系和技术保密的手段，开展一定的技术保密的宣传与培训，要有严格的检查与监督考核。对涉及机密的人员的上岗、离岗、出国等重要的行动，实行全程监督和管理。与相关部门签署机密文件，规范相关部门的工作；对员工进行入职之前的安全教育和培训；在工作结束（离开）后实施脱密的管理规则；涉及机密的人员出境必须经过严密的审核和批准。涉及机密的技术项目中，在申报、立项批复、结题验收、转化应用、资料归档等方面，都要进行严格的保护。在专利申请文件公布以前，要对涉及的技术成果进行高度的机密性管理。对涉及机密的技术项目，在技术转移、技术推广等方面，要与技术应用单位签署保密合同。如果出现了技术泄漏，应该马上进行紧急处理，并及时上报领导和有关部门，避免情况进一步恶化。

九、知识产权管理

知识产权创造。衡量企业知识产权创造能力的两个关键指标是申请专利的数量和质量。专利的数目体现着一个公司在技术上的投资与产出，而专利质量则直接影响着该技术在市场上的实际运用，一味追求数量而忽视技术的质量是不可取的。这就要求在技术创新管理过程中，不仅要关注产品的数量，更要关注产品的质量。

知识产权运营。在进行了一系列的知识产权运营后，为了获得更多的经济利润，知识产权的运作模式可以分为自行实施、转让、许可、交叉许可等几种，也包括专利标准化、质押、出资入股、信托等形式。

知识产权保护。知识产权的保护既有阻止别人对自己知识产权的侵害的作用，也有阻止自己对别人的知识产权的侵害的作用。

十、企业创新文化

（一）管理者的推动、引领

对于创建企业的创新文化，身为企业的管理者，要发挥出自己的带头作用，发挥出关键的影响。在日常的生产运营中，管理者要注意自己的举动和行动，因为其些举动与行为可以向企业的所有员工传达出相应的信息。例如，一位企业家在一年的工作部署中，对科技创新、文化创新的工作提出什么样的要求，对支持措施采取什么样的力度；在企业的日常管理工作中，企业管理者尤其是主要领导，是否能坚持在整个过程中创造出一个良好的环境，在公众面前是否能及时地强调创意，在企业文化宣传、标识张贴等方面是否能不间断地对创意进行指导；对于科技创新型的人才，公司能否创造出一种具有很强的吸引力的选拔、任用环境，从而吸引并留下科技型人才。

（二）奖励机制的激励

在积极培养企业创新文化的同时，建立完善的激励制度，是激励广大科技人员投入到技术研究、开发中去的重要保障。奖励、激励的方式也变得更加多种多样，已经不局限于通过科学技术奖励、技术转让费提成、专利和技术秘密奖励、召开科技创新表彰大会等传统的方式。此外，企业还可以采用股权、期权、分红等更加市场化的灵活激励方式，在更大的范围内激发研究人员的创新积极性。

第四节　企业技术创新的资金与商业化

一、企业技术创新资金的分类

企业技术创新资金可以分为四类：第一类是在一项技术开发的初步阶段需要的资金，即技术创新设想支持资金。这项资金主要用于推动初步的概念、方法的发展，或者分析、规划即将开发的技术、产品等。第二类是一项技术、产品在开发的过程中需要的资金，主要用于研究人员、设备、实验费用，这类资金的需求量较第一类多。第三类是用于技术、产品开发完成后需要的资金。第四类是推广成熟的技术需要的资金。

二、引入多层次资本

（一）资本对于技术创新的支持优势

很早之前，人类就认识到了资本是推动技术进步和实现工业化的主要动力，并且这种动力经过了长期的实践证明。这是由于资金参与技术创新具有"可共担风险、可分享利益"的独特机制所致，使得资本对技术创新具有自然的支撑作用。

技术革新需要长期的多方面的资金支持，特别是对中小型高技术企业来说，由于投资风险和不确定性较大，在没有得到传统资本青睐的情况下，他们转向了风险资金。

（二）多层次资本市场体系支撑科技创新

在初创阶段，资金来源以企业自筹和国家补贴为主。一方面，自筹资金可以采用内部的股权融资方式，目前也被称作股权资本筹划，也就是由创始人持有主要股份，部分员工持有股份或引入外部股东提供担保，进而获得银行贷款。另一方面，目前也有不少的技术公司通过国家资金或者成立科技企业孵化器的方式来发展。目前，全球各大企业都在大力发展科技企业的孵化器。我国也在不断地尝试与推进，如北京、上海、深圳等城市中，已经建立了孵化器，并发展出了各自不同的行业模型。另外，在中国的金融体系下，风险投资基金、私人基金、孵化基金等都非常积极地为企业的技术研发投入资金。即便是在初创阶段，也愿意进行资本投资。

对于处在成长期的科技企业来说，更要从自身的具体状况出发，综合地选取融资渠道。在初步形成了一定的发展格局后，可以考虑向银行融资，并持续引入风险投资、公募基金等，也可以将目光转向资本市场，寻求在各种股权市场上的首发上市。

在发展过程中，需要对国家的政策导向深入分析，并在国内外资本市场上为自己的项目或研究提供科研资金，充分地运用好高新技术企业这个平台，获得在资本市场、银行资金支持等方面对科技企业的支持。同时，应主动寻找国家产业基金、大企业集团基金的单一或共同参与，以适应企业创新需求。

三、技术的孵化与有形化

（一）技术孵化

技术孵化的进程是，将一项还处在未成熟阶段，但具备了一定的使用潜力的新技术、新工艺作为培养的目标，利用多种因素和资源的共同作用，让它在一定的环境中持续地成长、完善，最后可以走向市场，并且可以取得显著的经济效益的成熟技术、工艺或产品。需要注意的是，技术孵化与新技术的研发创造的区别在于，技术孵化的对象是已经具备了一定的基础研究结果，并且在实验室规模下，已被反复证实的、具有先进性或突破性的技术、工艺。因此，这一类能够推动科技成果转化的生长和孵化环境就被称作"技术孵化器"，而以技术孵化过程为中心所构成的服务产业就被称作"技术孵化产业"。科技孵化器主要面向小型科技创业企业（又称"在孵企业"），其主要功能是提供创业培训、指导、咨询，提供研发、试制、运营的场地和公共设备，并提供政策、财务、企业管理、市场推广等服务，降低创业的风险和费用，提升创业的潜力，"孵化"出一批成熟的、成功的科技企业，并培育出一批优秀的、合格的创新型企业家。

科技孵化器也是科技创新的一种方式。在实践中，"加工试验"是技术革新过程中一个无法避免的过程。企业的技术创新结果不经过这一过程，就不能从原始的初步研发成果向新产品转化。但由于"加工试验"的高风险性，给企业带来了较多的压力，所以企业很少愿意凭借自己的能力去做加工试验，这就使得很多技术不能被成功地转换。而对这一类可以进行加工试验的技术，则可以在孵化中心进行转换。

技术孵化器的诞生背景和责任功能，决定了技术孵化器属于一种拥有很强的可调节性的机构，它所需的设施资源、经营的业务、服务的项目，都可以按照孵化技术的特点、市场需求、孵化器当地的条件等，进行灵活的调整；它拥有很高的运行效率，同时还拥有很强的目的导向。另外，科技孵化器应该成为单独的企业，其每个部门的说明及职能如图5-11所示。在技术孵化器中，项目的孵化流程主要有三大步骤，各个步骤包含的主要工作内容如图5-12所示。

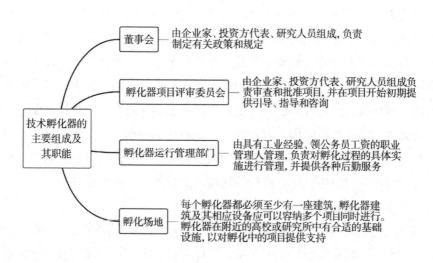

图5-11　技术孵化器的主要组成及负责业务

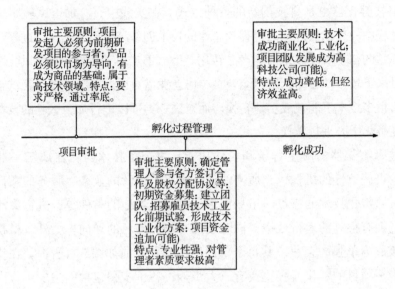

图5-12 技术孵化器中项目孵化的流程

随着21世纪科技孵化中心的建立，科技孵化中心更加灵活。主要表现在三个方面：第一，私人企业和个人在孵化中心的持股比例越高，得到的投资收益就越高，这样能更好地鼓励各种私人企业和个人参与孵化中心的发展，从而提高孵化中心的工作效率。第二，国家依然对科技企业的发展采取了一定的扶持措施，对科技企业的发展也有一定的资助资金，并且愿意为科技企业在起步阶段所无法预料到的危险因素进行投资；在孵化的后期，若有新的投资，也可以将这一部分的资金回收，并将对应的股份转让给下一位投资方。第三，相关行政部门将不在科技孵化中心进行任何特定的操作，只负责监管。

（二）技术有形化

技术有形化，指的就是将企业拥有的那些非物质形态的技术、服务、成套解决方案等，转化为看得见的东西，具体包括：工艺包、宣传册、展板模型等，推动技术的内部交流和在外部进行商品化的进程，逐步地将技术的价值体现出来。技术有形化是一项技术实现产业化所必需的工序，是推动该技术实现产业化的关键。

技术有形化的实现途径可以分为三个步骤：选择所需有形化的技术；进行技术有形化的整合；技术有形化的结果传播。技术有形化的甄别是实施后续活动的依据；技术有形化综合是对这一工作的载体和表现形式的明确，一般采用多方面的综合方法；技术有形化的结果传播是技术有形化的最后一步。

在不同的行业中，企业的技术有形化过程存在着共同之处，同时也存在着一定的差别，在具体的实施路径中，企业要根据技术有形化的特征以及自己的技术特征确定具体的过程和次序。企业技术有形化要求紧扣企业的发展战略目标，以有形化的特征为依据，遵循"总体设计、明确载体、共享传承"的原则，把握有形化的关键要素，从而形成高品质的有形化产品。

四、技术商业化及其运作模式

（一）技术商业化

技术商业化，指的是通过研究和开发，在国内外将已经形成的各种技术原型进行大规模的测试，并在顺利地进入大规模的应用阶段后，将生产制造出来的产品推向市场，或者转化为成熟的工艺，产生新生产线的一种商品化行为。技术商业化以技术产业链最后端为核心、注重商业价值，本质上是技术价值在市场上的变现。技术商业化是技术创新活动的终极目的。

针对技术商业化的过程阶段划分，不同的学者有不同的意见。各种方法之间的区别较小，可以根据实际情况而定。

（二）技术商业化运作模式

1.技术商业化运作模式的分类

（1）完全自主型。一个具有一定规模和实力的企业，从开展技术研发工作入手，只需要凭借自己的力量，就可以达到技术上的突破，而且要在这个基础上，不断地利用自己的力量，来推进科技和商品化的各个后续步骤，从而达到所期望的商业利益。

（2）技术自主—后期合作型。在技术自主—后期合作型模式下，尽管在最初的发展过程中，企业是依靠自己的力量获取新技术成果的，但在新技术的商业化过程中，企业可以通过吸收其他合作伙伴的资金投入，共同参与，分享新技术成果、共担风险等方式，共同推进并完成新技术成果的商品化。

（3）技术引进—后期自主型。技术引进—后期自主型模式指在没有自主开发新技术的能力的情况下，前期阶段，通过购买、获得授权等方式，获得来自其他企业的新技术，并在后续阶段逐步对这些技术进行改进，最终制造出更加高质量的产品。

（4）技术引进—后期合作型。技术引进—后期合作型模式指技术引进—后期合作型模式指在新技术被引入之后的商品化过程中，以合作的形式，引入合作伙伴，将这一新技术商品化，大家一起承担风险，一起分享经济收益。

此外还有技术合作—后期自主型、技术合作—后期合作型两种模式，可以根据需要来选择应用。

不同的企业，在不同的阶段，对技术商品化运行模式的选择有着不同的依据。如果要达到在较长的时间里，让自己的技术商品化运行方式始终处于相对领先的位置，并且还能够保证自己的技术商品化运行风险和支出能够得到最大限度的减少，那么就要根据不同商品化运行方式的特征，对自己的技术商品化运行方式进行合理的分析，没有一种模式是可以做到通用的。

2.以企业为核心推动技术商业化的方法

（1）成立独立运作的技术商业化子公司。成立独立运作的技术商业化子公司可以采取以下措施：①对技术展开市场测试，寻找出合适的应用场景、产品和服务形式，并以此为依据，对服务的渠道和方法进行相应的改进，让更多的顾客能够对新技术进行接纳和应用。②通过对原始企业技术初始价格的优化与调节，建立长效的技术价格机制。在确定适当的技术定价之前，要对技术进行一定的市场定位。当某些新技术尚未被市场接受，而又不能确定精确的价格时，可以采用比较稳健的成本价格的方法，或者采用技术股权等非直接价格方法。③收集并归纳客户对产品的要求，并将这些要求反馈到公司的技术研发部，以确定技术研发的方向。④对关键技术开发人员和推广人员采取股份激励、项目分红、公司利润分成等多方向的激励措施，以弹性的方式将公司技术开发的奖金发放到员工和管理部门手中。

一个可以独立运作的技术商业化子公司能够使用诸如对赌协议等运营手段，来选择优秀的管理人员、销售人员和技术人员，除了企业本身拥有的人员，还需要从市场中招募市场销售人员、技术专家顾问、法律人员及技术服务人员等。在技术得到一定推广，利润稳定的前提下，还可以选择使用子公司上市融资来扩张公司的规模，抢占市场，促进公司业务转型，从而产生更多的增值。

（2）公司模拟孵化基地。如果公司的技术储备不够，而且资本非常地有限，还缺少相应的专门技术人才和管理运营人员，那么建立一个技术商品化公司的条件不足，无法产生一定的规模效益。此时，就可以采用一种类似于孵化基地的模式来进行运作。在这种方式中，企业要负责为员工们准备小型的办公区域以及一笔启动资金，并从公司内部公开招聘一些有兴趣进行技术推广的工作人员，组建出一个又一个小队伍，并将其挂上技术孵化基地的牌子，以保证技术的对外推广和销售，从而将技术商品化。在技术的推广方面，企业还应为小组的成员，提供法律和金融方面的咨询，以及专业人员的培训。在创业基地内，应该对创业项目进行有效的激励，在技术商品化成功之后，可以为员工们带去切身权益，也可以为企业创造出更多的价值，还可以为后续建立一个能够独立运作的技术推广子公司，打下良好的人才基础，并为其提供运营经验。

（3）技术对外合作入股。技术入股在带来诸多好处的同时，也需要注意以下几点。

①《公司法》第二十七条规定："股东可以用货币出资，也可以用实物、知识产权、土地使用权等可以用货币估价并可以依法转让的非货币财产作价出资；但是，法律、行政法规规定不得作为出资的财产除外。"特别是以国资入股的情况下，要通过正规的评估机构来进行评估。但是，由于技术价值自身的复杂程度，以及评价机构和评价者对新技术认识的限制，其评价的结果往往与企业期望的价值有很大的差异。在实际操作中，一些企业会采取协商作价，也就是投资双方就技术价格进行协商的方式。当国企用其自身的技术作为资本进行投资的时候，可以采用"评估参股+协商参股"的综合评价方式，这样不仅能够满足国家的需要，而且还能够达到投资双方的心理期望。

②对于以技术参股的小企业来说，他们对公司的经营活动没有任何掌控力。当公司经营不力，技术股东想要离开并将技术带回去的时候，他们有可能因为技术的归属权问题而无法离开。为此，要在先期签署的技术转让合同中，对技术产权作出清晰的界定。

③经双方同意后，公司技术入股，由合作方出资或其他所需的资源入股，进行联合建设，并从中获利。但有时候新技术的推进很少得到资金投资者的认可，所以只有通过绩效来决定资金投资者和技术投资者，在股份的归属问题上才能达到一致。在用技术入股的过程中，可以与出资方进行如下的股份形式协商，并结合具体的条件进行综合的选取。

首先设定目标。为了更好地促进和使用自己的技术，在合资企业建立之初，可以不持有任何股权，而在合资企业取得了某种绩效指标之后，才取得相应的股权。其次是名义共同出资。由技术方与投资者双方合作，组建一家由投资者出资A，以技术方的身份出资B，股权比例为A：B的企业。事先约定好，在将来产生收益时，技术方面的分红优先偿付出资方的垫资；若该项目不能盈利，无力偿还出资人预付的资金，双方可以进行清算，并将所剩的资金作为剩余资产，优先偿付出资方的投资款。最后，共享收益入股。在新技术还没有产生经济价值前，股份的分配可以根据未来技术为公司带来的资产增值的多少来确定。

第五节　技术创新与现代产业发展

一、技术创新驱动的现状

（一）创新投入总量可观，人均有待提升

技术创新需要资金、人力投入作为保障条件。改革开放后，我国在创新投入上的比例逐年增加，但仍有较大的提升空间。主要是因为我国创新驱动发展战略的发展时间相对较短，在创新战略的推动上受到国内外环境及经济发展水平的影响；同时，因为我国的人口基数较大，尽管在创新总额上数量庞大，但平均到个人就亟待提升。

（二）科技论文排名前列，被引有待增加

评价一个国家、地区的研究成果质量，主要以论文发表的平台、论文被同行引用的情况为依据来展开评价。我国主要是以论文的数量来衡量研究质量的。相比国际上以论文被引用的数量作为评价指标而言，我国基础研究的总体质量仍须不断提升。

（三）发明专利数量猛增，质量有待提高

对一项发明专利的研究成果进行评价主要是看其质量与数量。在我国，发明专利分为发明专利、实用型专利、外观设计专利三种，其中，发明专利是体现创新能力的最好体现。改革开放后，我国极为重视发明创造，出台了不少专利政策，以激励民众。因此，我国的发明专利数量不断地增长。从世界行列的发明专利申请量、授予量来看，我国的发明专利质量尚有更进一步的空间。

如果以发明专利的维持时间为质量标准来看，我国发明专利的质量有待进步。

（四）技术成果总量庞大，转化有待增强

当技术成果真正投入到实际的生产中，发挥其作用时，才能真正推动技术创新。近几年，中国的基础科研（以学术发表为标准）和应用科研（以发明专利为标准）两项指标长期位居全球领先地位，但在创新能力、行业竞争水平上还有待提高。在国际分工中，我国的国际产业链还需要进一步增强，主要的发展方向应是将高等院校、科研机构的科技成果有效地转化为实际生产力，促进内资企业的技术创新实践。

二、技术创新驱动现代产业发展体系演进的作用机制

（一）技术扩散对现代产业发展体系的驱动

1.创新扩散在产业内部产生

行业中某一企业对某产品或制作过程进行创新，该创新可能会满足顾客的需要、降低成本或者提升效益，该行业中最先实施创新的企业具有较强的市场竞争力，以及较强的盈利能力。行业中其他的企业会模仿创新的企业以保持原有的竞争优势，并吸引更多的潜力企业加入。在此基础上，创新企业的创新成果将会通过不同类型的创新活动，传播到产业内的其他企业当中，从而实现降低整个产业的生产成本、扩大市场规模和提高生产效率的作用。

2.创新扩散出现在产业链上下游产业

随着市场规模的不断扩张，对要素的需求也不断增长，在关联效应下，产业链的上游产业发展越来越强；产业的生产成本的下降，也就导致了产品价格的下降，进而促进产业链下游产业的发展。产业的发展还会对其所属的地区经济、社会产生一定的影响，比如，某地区的基础设施水平逐渐得到了改善，制度建设也趋向健全，劳动力质量也得到了明显的提升，与之有关的配套产业也会不断地向前发展。

3.创新带动产业体系的演进

创新不仅会改善区域的经济、社会环境，推动区域内产业的升级和改革，还会通过关联作用，影响产业链上的所有产业。

由此可以看出，企业自身的技术创新可以影响整个产业体系，从而达到对整体产业的优化；同时，由于不同产业对创新的敏感性是不一样的，产业之

间的价格、技术水平、要素配置等都有着区别，从而引起产业结构的变化，在多种因素的共同影响下，促进了产业体系化的进程。

（二）技术融合对现代产业发展体系的驱动

1.技术融合在技术扩散的作用下提高了产业内先行企业的技术水平

技术融合即将多个产业领域的技术创新成果联合起来，利用不同技术之间的互补与协调作用，形成新的产品或工艺，而并非简单地将多项技术叠加。在产业内最先进行技术融合的企业，将会是第一批获得竞争优势和额外收益的企业，在利益的影响下，其他企业将会对第一家企业进行效仿，这样就会突破这个产业的原有技术效仿体系，进而使这个产业的技术得到提升。

2.技术融合通过逐步弱化产业之间的技术边界促进产业融合

传统的产业体系里，不同产业的商品之间替代性较小，相同的商品或服务常常是在相同行业内的多个企业间进行的。目前，迅速发展的信息化，大大减少了各产业之间的信息交流费用，推动了各产业之间的技术扩散与融合，为各产业提供了一个信息共享的技术平台。技术融合对其他产业产生了深远的影响，促进了产业之间的相互影响与相互渗透。在技术融合效应的影响下，各产业所能提供的商品和服务越来越趋于一致，以满足人们的消费需求。

同时，各产业由原来的相互分力，转变为了相互交叉渗透、彼此延伸、内部重组等，从而使各产业原本泾渭分明的界限变得更加模糊。产业关系开始由分立走向融合，形成全新的融合型产业体系。产业融合推动了各种生产要素和创新资源在不同产业之间的流动，使资源和要素持续地从创新活跃程度低、技术更新速度缓慢的产业，流向创新活跃程度高、技术更新速度快的产业，进而提升了社会整体资源配置效率。

3.技术融合催生了新产业

技术融合颠覆了传统的技术创新模式，催生了更多的技术创新，新兴产业也伴随着新技术的发展而不断走向繁荣。

综上所述，技术融合可以将生产过程中的各个环节进行整合和协同，实现高效、精准的生产管理，以及资源、信息的共享，推动企业向更加智能化、数字化的方向发展。技术融合不仅是立足新阶段，加快信息化驱动现代化的必然选择；更是贯彻新发展理念、构建新发展格局、推动高质量发展的重要举措。

第六章 大数据与企业信息化的转型变革

第一节 大数据的时代背景

一、大数据的内涵

"大数据"并非既定的概念，早期，由于需要整合的数据量远不是普通计算机内存能满足的，计算机专家优化、改进数据整合工具，赋予其更强大的数据处理、分析能力。经过多年的研发，谷歌的MapReduce、雅虎的开源Hadoop平台等新技术的涌现，高效解决了大量数据亟须处理的问题。自此，人类社会进入"大数据"时代。

要注意的是，大数据技术并非走的是随机分析法这种便捷途径，而是能够在极短的时间对所有需要处理的数据进行整合。

关于大数据的定义，高德纳咨询机构认为它是需要新处理模式才能具有更强决策力、洞察发现力和流程优化能力r 多样化、海量、极速增长的信息资产。

麦肯锡公司发布《大数据：下 个创新、竞争和生产力的前沿》，认为大数据是超过普通数据库能完成的数据收集、容纳、掌控和解析技术的数据库。它包括两方面的含义：其一，与大数据吻合的数据库总量，随着时间的推移、技术的改进不断增加；其二，不同机构对大数据要求吻合的数据库总量并不一样。由此可见，大数据内涵丰富，具体如下。

（一）数据性思维

进入到信息化时代，人们需要分析的数据远超以往任何一个阶段，如果仅仅依靠统计学的随机采样，得到的结果存在较大的偏差。

（二）数据性资产

海量的数据意味着更多的商机，可以说，在知识经济时代下，谁掌握了更多、更全、更准确的信息，谁就能获得成功，其中的收益是难以想象的。大数据背后的潜在信息对企业来说是重要的情报。例如，企业在所售汽车安装传感器和行车电脑，获取汽车零件在车辆行驶过程中的实时数据，分析可能存在的隐患，并告知客户，从而获得客户的青睐，自身的形象和竞争力大幅提升。

（三）数据技术创新

大数据处理技术呈现高效率、自动化、平民化的特点。尤其是物联网、云计算等新一代信息技术的诞生，在提高运算效率的同时，降低了运算成本。

二、大数据特征

关于大数据的认识，学界尚存在争议，但就其特征方面达成了广泛共识，具体内容如下。

（一）体量巨大

新一代技术革命的深入开展，物联网、云计算、云存储等信息技术手段的广泛应用，让互联网数据不再局限于传统意义上的"网页"。人和物的一切轨迹、状态、行为都能作为数据，予以记录、存储，为信息使用者的决策提供重要的参考依据。例如像借助大数据技术，企业可以根据客户消费习惯、消费方式等信息，为其推送适合的产品。现如今，社会的数据量已然从TB、PB级别跃升为EB、ZB级别，可见其体量之大。

（二）种类繁多

大数据表现形式丰富多样。在大多数人眼中，数据是整齐划一的行列样式，实则不然，它的多样性正随着技术手段的革新不断丰富。

大数据技术让数据格式更加多样，文本、音频、视频、模拟信号、图片等应有尽有。

在传感器和智能技术取得重大突破后，公司数据信息呈现数量大、范围广、难度高等特点，除涵盖原始数据关系外，点击量数据、自主与非自发系统传感器信息等非全结构化数据同样包括在内。

数据采集规格尽管范围相同，但依然存在细微区别。例如，市区的智能交通采集分析系统，一般通过路面摄像头、公交车、停车场等，或者以问卷形式和GPS获取数据，其中产生的数据量巨大，它们出自相同的领域，且数量范围、产出效率与大数据规格吻合，但性质、产生速度不一样。

广泛性是大数据的一个重要特征。如交通数据就表现出很大的关联性。借助供水公司的数据测算晨间洗漱用水量的最大值，将误差考虑在内，从而可以推断该地区晨间交通高峰期。交通晚高峰期，则可以根据用电量数据推算，测算商务区熄灯时间段，再加上误差，就能推断出来。

（三）存取速度快

作为以实时数据处理、实时结果导向为特征的大数据，它的快速存取表现在以下两个方面。

1.数据生成快

集中式、循环渐进式是大数据的两种主要产出方式。前者如西欧核子探索机构的强子对撞机械运动中产生的数据；后者如互联网公司的数据收集，尽管不是一次性产出，但由于使用者较多时，在短时间同样可以产生大量数据。像百度、谷歌等互联网巨头，基本是每秒产生数百MB以上的点击率、日志、射频识别数据，并同步上传到中央系统。

2.数据处理快

一般来说，当网速为1GB/s时，要存储1PB容量的数据，假设计算机存储量全天运行，要想将这么大的数据储存到计算机中要耗费整整12天。而有了云计算，只需要20分钟就能处理同样容量的数据，可见其速度之快。

（四）价值密度低

大数据并不意味着价值大，恰恰相反，它的价值可能低得难以置信。例如，上亿微信用户中起床后第一件事是用微信聊天的可能不到千分之一；一个有5万+评论热点的话题，要想从评论中找到有价值的，无异于大海捞针；公司的数千个意向客户，支持本公司产品的可能不足十位数……此外，大多数社交平台很容易受外界干扰，用户发表的评论并不一定代表其真实看法。由此可见，数据中混杂着大量无用的信息。若是数据采集不及时、样本不全面，其价值并不会很大。

第二节　大数据对企业信息化变革的推动

一、大数据推动企业信息化转型

在工业4.0时代，企业之间表现出以信息物理系统技术为核心的纵向、横向集成融合、协同优化的特点，朝着信息化方向发展。要实现这一目标，需要依托大数据技术，将传统单向、线性的协作，朝着建立一个互通互联的全方位的信息共享平台转变。

（一）以数据驱动流程重组

在企业实践中，如果生产经营活动产生的数据较少时，不管是内部，还是外部的协作，都是线性的、单向的；而依托先进信息技术手段，如云计算、物联网等，产生全方位、实时的数据时，企业内外的协作便编织成一张"大网"，表现出立体化、并发式的特征。

从目前的商业环境看，属于"买方市场"，企业的主导地位受到极大冲击，员工、消费者等个体在数据获取中有更多的主导权，是数据的重要来源。这一现象让企业处理的数据表现出"自下而上、由外向内"的特质，迫使其调整现有的信息技术架构及流程。此外，企业获取的数据基本是文本、视频、图片等非结构性的，这些数据并不全是企业需要的，也不一定依附于其经营流程，自主性较强。但企业的商业流程需要事先做出反应。所以，从"流程重组"的角度看，未来的它必然是非结构化的、数据驱动的，是以消费者为中心的灵活的协同模式。这样一来，一种全新的与这一数据特点相适应的"网"——实时协同价值网便形成了。

大数据时代以前的数据对企业决策最多起着辅助作用，属于"附庸"的存在。如商业智能部门往往是借助一些数据为高层决策提供依据，现如今，这种模式显然无法适应大数据的需要。当下的大数据强调全方位、实时性，这要求企业调整有关流程，实现二者的协调，配合。

（二）以供应链为主线的数据分享和交换

对于大数据价值而言，挖掘仅仅是冰山一角，更重要的在于分享、交换和创造。这是因为，与物质相比，大数据的复用性极强，一般来说，它的价值随着分享次数的增多而增加。此外，知识分散在不同的组织、个人当中，要让有用的数据流动到恰好需要的团体或个人手中，建立实时、畅通的信息分享和交换机制是必然的。如此一来，企业之间、企业与消费者在互联、协作中，让大数据发挥最大价值。

为避免供应链的"牛鞭效应"，确保各环节的畅通运转，需要科学管理、规划供应链体系，而这同样依赖良好的数据交换和分享机制。每小时有数百万客户在沃尔玛App上消费，得以让沃尔玛在短时间收集大量售卖、库存信息，建立相应的数据库，为公司营销分析提供支持。数据共享在沃尔玛供应链所有的组织当中，分布在全球各地的上万家供应商借助自家企业的零售平台对售卖货物进行管控，实时了解市场情况，以便在最短的时间做出反应，把握精准的进出货时间，牢牢掌握了销售的主动权。不同企业之间共享数据，密切了合作，建立起战略合作伙伴关系，实现双赢。

当企业的生产规模发展到一定阶段后，边界将发生微调，那些被IT系统锁定、植根于内部的商业流程，逐渐转移到以供应链为主线的大规模协作运转平台。消费者产生的大数据冲破了企业之间的壁垒——流程"防火墙"，推动商业流程在大数据技术下按照"快速熔化—流动—组建—凝结—再熔化……"的流程进行一次又一次的循环。

传统的ERP等管理软件，往往是将外部的看似最佳的实践、流程以软件形式固定下来，这种做法一定程度上提高了企业的运转效率，但实则是本末倒置，好比朝着企业内部"灌混凝土"，结果就是，企业很难穿上这件不合身的"衣服"。尤其是随着商业环境越来越复杂、多变，大数据时代下消费者需求表现出多样化、个性化的特点，上述所谓的"最优"流程难以让企业获得更好的发展。

二、大数据推动企业信息化的智能化转型

信息技术的进步，催生了诸如自动系统、智能技术和智能机器等高科技产品，给人们的生产、工作、生活方式带来了巨大的变化。在信息化、智能化时代，各种智能产品层出不穷，典型的有智能机器人，但限于技术水平有限，它的思维方式相对单一，还有待进一步研发。而大数据技术的广泛应用，让这一改进周期大大缩短。

（一）生产领域的智能化

在工业生产领域，以射频识别为代表的传感技术在商品的识别、追踪方面效果惊人。常见的应用如，与汽车相连的射频识别标签能够在流水线上追踪汽车；制药厂配货时运用射频识别标签在仓库中追踪产品，只要产品贴上了有关标签，不论在何处，都能迅速被传感器确认、识别和记录下来。

仓库借助射频识别技术，朝着智能化方向发展，做到"按需管理库存、自动发送补货订单"。这样一来，订单进货得以自动化，对附上标签的产品进行实时追踪，供应商、分销商共享仓库信息，实现个性化生产。

（二）制造领域的智能化

传感器技术应用于制造领域，让工厂全面把控探知、诊断、控管、可视化等各个环节。在生产实践中，嵌入式设备通过传感器对流程细节进行监控，分析设备可能遭遇的故障以及解决故障需要的配件。因此，借助智能技术能够有效应对各种运行状况，提高各个环节运转的稳定性和生产效率。

工厂借助传感器，能在短时间内产生大量数据，对数据进行分析、处理，能够大幅减少产品存储、运送、售卖环节的消耗时间，降低运营成本和库存，加快供应链运转。还有一个重要的点在于，产品传感器数据和供应商数据库数据能够，让制造业企业预测不同市场的商品需求，对库存、销售价格实时跟踪，从而节省一笔不菲的开支，在可观利益驱动下，智能化步伐得以加快，信息化水平进一步提高。

总之，在物联网、云计算等大数据技术广泛应用的当下，数据收集、分析、处理速度大大加快，得出的结论也十分全面、科学，比人工的数据处理效率高得多。企业在这样的背景下，走上智能化、信息化道路是必然的。

三、大数据推动供应链的柔性化转型

（一）大数据时代供应链管理的必要性

供应链，从客户的客户到供应商的供应商。供应链管理，指对从供应商到客户之间的商业流程和关系及贯穿其中的产品流、信息流和资金流的集成管理，旨在降低运营成本的同时，为客户提供更具价值的产品、服务和信息。它涉及采购、制造、物流、营销等环节，在这个过程中，信息、产品、资金之间有着密切的联系。现代供应链管理的一个重要作用，在于依托先进的信息技术手段，整合供应链信息流，引导产品流、资金流的高效运转，推动生产过程的标准化、流程化。供应链与大数据技术的融合，使得整体结构得到进一步优化，满足了企业业务发展的需要。信息流作为供应链体系的重要组成部分，为企业进行产品流、资金流的管理提供支撑。

信息流来自信息流动，但信息来自数据。对于企业管理者而言，需要想办法保证数据的完整性、精确性和及时性，这对其能力是一个较大的考验。在信息大爆炸时代下，数据作为一项新的生产要素，对企业决策有着重要影响，是企业获得更多竞争优势的关键。

（二）柔性化供应链的价值分析

互联网技术的广泛应用，让产销信息不对等问题不复存在，密切了市场需求与生产之间的联系。在这样的背景下，一种由消费者驱动的商业模式应运而生——C2B模式（消费者到企业）。与大批量、标准化、刚性的传统商业模式相比，C2B模式具有市场响应灵敏、个性化、柔性化等优势，这对企业生产制造系统有了更高的要求，企业转型势在必行。

为了满足市场需求，企业需要进行柔性化生产，让供应链富有弹性，不仅能大批量补货、翻单，也可以生产小批量、款式多样的产品，让成本相似、交货及时，且品质有保障。这种商业模式的一个显著优势在于，企业减少了库存压力，能抓住销售机遇。

从企业生产实践看，像沃尔玛、丰田等企业发现了柔性化供应链在生产中的重要性，并积极投入资金，这样一来，掌控着终端数据的它们，拥有其他企业望尘莫及的竞争优势。然而，如果没有大数据技术的支撑，柔性供应链的成本远不是中小企业所能负担的。

总之，企业的柔性化生产，离不开物联网、云存储等数据信息的支撑。互联网技术的改进，让大数据技术得到广泛应用，投资成本不再让中小企业望而止步，柔性化供应链管理的普及成为现实。

（三）大数据的运用是柔性化生产的关键

在柔性化生产中，生产过程不是由厂家而是由消费者主导的。生产商与消费者因为大数据技术建立起密切的联系，消费者的多元化、个性化需求信息能实时传输到生产者、品牌商手中，以此为参考进行采购、生产、配送，不仅降低了生产成本，还大大提升了客户的体验感。大数据的出现改变了生产方式，以往的标准化、大批量的生产模式转变为需求拉动式。而实现这一转变的关键，在于借助大数据思维和技术手段，推动消费者、生产者的一体化。

大数据时代下的柔性化生产给企业创造的利润是巨大的。物联网、云计算等信息技术手段的革新和广泛应用，大大降低了柔性化管理成本，对于那些在线上开展营销活动的电商企业，无疑是一大利好。它们根据互联网实时反馈的消费者数据，来选择、评估目标客户群，进行市场细分、调研。在市场测验阶段，电商企业先进行多品种小批量生产，在试销一段时间后，选择数据最佳的一款，并少量多次补货，不再需要绞尽脑汁地猜测消费者的喜好。即便市场需求突然改变，基于数据驱动的C2B模式同样能灵活反应，以免企业手忙脚乱。

大规模个性化定制是柔性化生产的极致。消费者的个性化需求与企业的批量化生产之间往往不协调，而大数据的出现能够有效调和这一冲突，实现低成本、高效率的集约化生产，同时满足消费者的个性体验。

在工业4.0时代，我国企业要成功转型，柔性化生产是关键，这需要借助大数据技术走向信息化、智能化生产道路，构建全新的商业模式。

第三节 大数据时代企业信息化的应用实践

一、大数据驱动农业

近年来，随着新一轮信息技术在各行各业的广泛应用，农业领域的大数据分析成为了世界各国关注的重点。传统农业模式以手工劳作为主，效率低下，难以满足市场需求。而将农业与大数据结合，通过物联网、传感器的先进技术手段，有力地推动农业生产的精准化、数据化、智能化、集约化。农业大数据涉及生产、管理、环境与资源、市场等环节，有结构化数据，也有非结构化数据。如环境数据有土壤水分、气象、温湿度；土地数据有海拔、地块面积；作物数据有病虫害、作物长势等信息。

现如今，我国东北大部分地区在耕地、育种、播种、施肥、植保、收获、储运、农产品加工、销售等环节，应用物联网、大数据等技术手段，提高了农产品的有效管理，具体包括以下几方面。

（一）农业资源管理应用

农业资源，包括农业生产资料，农业生物资源及水、土地等自然资源。随着农业生产的深入研究，农业资源内涵得到丰富，还包括农业经济资源，如农业人口、劳动力。目前来看，不管是农业自然资源，还是农业经济资源，都呈现减少趋势。在这样的严峻形势下，要确保农业的高产、节能，需要将农业生产与物联网、大数据技术结合起来，将有限的农业资源发挥最大的价值，保证农业生产数量和质量。

（二）农业生产过程管理

农业生产过程十分复杂，受到自然、人文等多方面的因素，如土壤、气候、人类活动等。为了减少农业生产的不利影响，可以利用遥感卫星、传感器、GPS、无人机等先进技术对气候、自然灾害、水质、土壤墒情、作物长势、污染等信息进行采集、分析、处理，通过精准化灌溉、施肥智能化操作，自动化引导、控制等措施，进行精细化管理，确保农业产量。

（三）农产品安全管理

食品安全直接关系人的生命健康，始终是人们关注的焦点之一。利用大数据技术进行农业生产、管理，能有效避免污染、减少食品安全风险，建立有效的风险预控机制，及时应对食品安全突发事件。在供应链管理方面，农产品供应商、生产商、运输商，利用传感器等分析、扫描工具，实时监测农产品生产、运输的温湿度数据，如果数据异常能及时警报，方便有关人员校正。当食品存在问题时，利用销售点扫描技术，即便产品售出也能迅速处理，将损失、危害降低到最小范围。

（四）农业装备与设施监控

安装GPS、自动驾驶和必要的传感器，实时监控作业中的农业设施设备，关注其运行状况，一旦出现问题可以及时诊断，并采取针对措施予以解决，让智能农业设备在尽可能低的成本下保持较高的运行水平。除此之外，借助大数据技术采集、分析土壤样本、水分样本、作物生长速率、颜色、气候变化、品种等信息，在供应链对数据共享，以便及时做出反应。

（五）大数据在各种农业科研活动中的应用

大数据技术为农业生产、生活提供了科学指引，它在各种农业科研活动中得到了广泛的应用，如基因图谱、农业基因组、大规模测序、大分子与药物设计数据，空间与地面遥感数据等。

综上所述，农业领域的数据不计其数，大数据的应用让农业生产有了新的变化，一个更高效、更健康的农业生产模式逐渐形成，农产品的数量、质量得到了一定保障，它的商业价值不言而喻。

二、大数据驱动制造业

大数据在制造业领域引发新的革命。互联网、物联网、云计算、3D打印等新一轮信息技术的出现和改进，让工业系统进入新的发展阶段。尤其是制造业，与大数据技术（高级分析、高速移动连接、低成本感知、分布式计算等）的深度融合下，焕发新的活力。与此同时，企业生产、研发、管理、运营等环节在大数据下表现出新的特点，生产效率和企业对市场的洞悉力明显提升。大数据在制造业的应用领域十分广泛，具体如下。

（一）产品创新

企业与客户的交易会产生数据，二者的交互行为同样会带来新的数据。企业分析客户的动态数据，在此基础上邀请客户参与产品创新，大大提高了创新活动的科学性。相比传统手段获取的信息，借助信息技术手段采集的数据基本是在客户的不经意行为下完成的，其真实性、精准性更有保障。企业服务和技术创新，以产品定义信息、产品功能数据、技术资料、故障与数据维护为主。例如，福特公司在电动车产品中融入大数据技术，能够实时获取电动车的刹车、位置、加速度、电池电量等信息，这些数据不管是对司机，还是对公司的技术人员都是有用的。即便车辆处于未驱动状态，用户的移动设备也能获取车辆的电池系统、胎压等数据。

产品创新与大数据融合，要求以客户为中心，通过有效的、自动化协作，客户能了解产品的有用信息，技术人员也对客户有了更多的认识，能够根据客户的需要改进、完善产品。此外，这些数据对第三方也有一定的价值，如充电站选址、预防电网的超负荷运转等。

（二）预测型制造

智能制造系统具有透明化特点，能够使制造系统看不见的因素透明化，有利于有关主管、生产资源经理等管理者做出科学、慎重的决策。透明化，即对不确定的因素量化、阐释，以便生产组织形成客观的判断，避免盲目性。在制造业领域，要让设备实现透明化，需要借助先进的预测工具和手段，让制造流程"可预测"。要做到这一点，要对工厂采集的数据进行系统化处理，在此基础上阐释各种不确定因素。

预测型制造系统的建立，离不开大数据分析和智能运算技术，这需要使用到一些智能软硬件，对设备功能进行预测，为建模奠定基础。对设备性能失效时间进行科学预测，能将不确定因素的影响降至最低，最大限度减少制造运行过程中的损失。预测型制造的功能如下。

1.预测订单交货期

大型产品的生产流程复杂，受到动态环境、海量信息、异构资源等多种因素的影响，产品零部件、子装备件、总装件制造过程庞杂，产品交货期要求极高。为确保产品按期交付，高效、精准、成组、优化的方案必不可少。鉴于大型复杂产品的需求、工艺多样，复杂性、难度系数高，借助大数据技术，利于把握制造过程工艺参数与订单交货期的关联性，建立基于生产调度交货期的准确算法模型，来预测、控制订单交货期。

2.产品质量预测

面对庞杂、海量的序列数据，借助大数据技术能够存储、挖掘技术，根据质量传递规律，对产品质量进行精准预测、控制，提高产品工艺水平。作为全球知名垢计算机硬盘制造商，西部数据公司应用大数据技术采集生产车间信息，经过扫描、编码、检验、追踪等流程，实时监测生产产品的质量，精准识别存在问题的硬盘，以免其流入市场，影响公司声誉和形象。在经过第一道工序检查后，硬盘还要接受二次检测，这样可以系统搜索、召回有问题的硬盘。大数据的应用，有效降低了产品的次品率，产品质量得到保障。

3.生产异常预测

利用大数据分析、监控生产各个环节，能够及时发现制造异常问题，掌控真实制造情况，对有问题的产品进行及时维修，以免出现维修过早使得未损坏部件被替换或维修过迟，产品失效的问题，降低生产成本。维修、生产人员若能够有效预测设备失效时间，则利于为下一步生产计划奠定基础。产品生产过程与实时数据评估的结合，便于了解设备性能，预警、解决生产异常状况。

（三）智能运维

制造业企业要想走出产品低端、附加值低的困境，转型是根本出路，而这离不开先进技术和管理手段的帮助，尤其是产品智能化技术、非结构化数据知识管理技术、产品全生命周期一体化管理技术。现如今，PLC（可编程逻辑控制器）、物联网、云技术等为制造业的智能运维提供了极大的助力。

制造业建立起在线监控系统，能够实时采集、分析产品运行过程中的数据，推动产品智能化维护、修理。产品加装传感器，方便生产商获取监测数据，为后续分析工作提供支撑。以汽车行业为例，大量在役产品在整个生命周期不断传回各种数据，数据体量增加迅速，表现为爆炸式增长。面对庞杂的数据，制造企业需要从中挖掘出能分析重大故障与相关客户行为的数据，及时发现异常，并提供服务，保障客户的生命安全，实现服务转型。在分布式计算的基础上，通过设备的状态，来检测产品的异常特征，采集、分析用户的操作行为数据，建立恰当的模型，及时找出异常问题并予以解决。

（四）精准营销

制造企业应用大数据分析、预测技术，采取销售历史业务数据，综合判断市场的需求变化、行业发展前景，为营销策略调整提供指导，采取科学措施平衡产销，准确预测销售情况，实现精准营销。另外，围绕目前业务情况和未来经营规划，将采集到的数据进行整合、加工，科学预测企业未来的信息流、资金流，以便制定科学的融资计划，有效避免资金链断裂的情况，降低融资成本，提高资金使用效率，为企业带来更大的效益。

企业销售数据受到内外两方面的影响，内部有周期、季节性，增长趋势等；外部有经济水平、促销方式、社会化营销、市场经济指数等，在建立销售分析与预测模型中意义重大，为管理者制订生产计划、营销策略提供依据，推动产销一体化进程。利用OLAP（联机分析处理）多维销售数据立方体，综合分析销售情况，按照产品销售序列维度，选择出最优的一项；利用可视化销售分析技术，实时监测、管理销售总部、区域、网点等运营指标。

利用聚类分析法，细分客户群体，将营销活动与目标客户一一对应；利用分析分析法，关怀客户，给予老客户、忠实客户优待，提升客户体验，实现企业与客户的双赢；利用因子分析法，评估品牌在市场的份额、实力，开拓营销机会；利用决策树分析法，了解产品属性、客户消费习惯，根据地域设计各具特色的产品，提高营业额。

（五）精确控制成本

企业生产经营成败，关键在于能否降低生产成本，提高产品和服务质量。利用大数据分析、监测技术，了解企业经营现状，找出困扰企业进一步发展的关键问题，在此基础上制订科学的财务谋划，增强决策的科学性。这样一来，企业高管能以一个更宽广的视野看待企业发展，在整合、分析财务数据中发现问题、解决问题，为企业发展注入活力。大数据技术的应用，让制造企业从设计到生产各环节的成本得到有效管控。

1.设计成本

如服装制造业，由于消费者在试穿、购买衣服的过程中往往会对衣服的颜色、尺寸、款式、穿着的感觉等进行评价，此时设计部可以根据消费者的评价来获取有价值的信息。客户积累得多了，评价数量也越多，这些大体量数据经设计部分析、处理后，能够评估消费者喜好，根据其需求进行个性化生产，这种把握消费者需要的做法能够让企业获得更多的竞争优势，占领更多市场份额。

2.采购成本

在这样一个高度发展的信息时代，电商平台强势崛起，线上购物模式给企业、个人带来了巨大的便利。企业在线上就能获取产品质量、评价、价格、产地、用途等有用信息，经协商后确定收购数量和价格，货比三家后选择性价比最高的产品，以降低采购成本。

3.仓储成本

利用大数据技术实时更新、预测仓储信息，能够核实仓储材料能否满足生产计划所需，发现缺失的材料能及时补充，以免影响生产进度。仓储部门根据生产部门一定期间耗费的材料总量，进行科学存储；在结合库存的基础上确定最优采购量，以降低企业库存成本。

4.生产成本

材料费、人工费、制造费用等生产成本对企业而言是一笔不小的开支。控制材料费能减少资源的浪费；控制人工费能调动员工生产积极性；控制制造费，如用水、用电只在需要时开启，从而达到节约成本的目的。运用大数据技术角色实时监测生产环节数据，发掘增值点，减少附加值低的业务流程。

工业化与信息化的深度融合，使得生产环节与大数据技术之间的联系更加密切，数据量也越来越大。其中，生产线需要的数据远非其他环节能比，另外，此类数据大多数为非结构性的，时效性很强，这是一个考验，也是重要的机遇。

三、大数据驱动零售业

传统零售经历了一段很长时间的低迷期，直到近些年互联网的飞速发展，科技手段的日新月异，零售产品数量、种类有了极大的丰富，局面才有所好转。现如今，消费者对零售产品要求更高，呈现多元化、个性化特点。此外，消费者的信息交流、互动方式因为移动互联网的普及有了巨大变化，这一系列的变化要求企业转变零售模式。电子网络的兴起，让消费者能以一个更优惠、更便捷的方式获取零售商品，网络购物成为人们日常生活的一个重要部分。在这样的大背景下，消费者的消费倾向常常让零售企业找不到方向，而大数据技术的出现克服了这一困难，帮助企业在短时间内采集、分析和处理消费者的消费数据，把握他们与商品的关系，为营销计划调整提供依据。

（一）个性化用户服务与商品推荐

大数据技术的应用，让零售企业能够准确分析、预测客户的消费习惯，精准定位目标客户群，提高服务和商品推荐的准确性，为全球范围内的消费者提供需要的产品。门店放置Wi-Fi探针和蓝牙感应，消费者一进入系统就能感知客户，识别其身份信息，将消费者的购买记录、消费喜好、意向等数据发送给门店店员，以便销售者了解客户需求，提供适当的服务。这种个性化商品与服务并不局限于实体店，网络零售利用大数据也能做到这一点。客户浏览网店时，客服根据客户以往的消费记录、浏览记录，精准定位客户喜好。企业依托大数据技术，采集消费者有关的消费数据，了解客户的消费习惯，为其提供针对性的服务，不仅给客户带来了良好的消费体验，还促进了交易的成功率。

（二）重要客户的识别与维护

客户对企业产品的认可，是企业获得订单的关键，客户对产品的口碑直接影响销售情况，口碑良好的企业往往拥有更多的潜在客户，能为企业带来更多的经济效益。一般来说，零售企业客户来源广泛，职业、年龄、喜好、消费能力千差万别，销售人员要想在短时间内把握客户的消费意向是很困难的，此时可以借助大数据技术，迅速分辨客户层级，为不同的客户提供相应的产品和服务，尽可能让所有的客户都感到满意。对于高价值客户，企业要高度关注，采取有效手段，增加对这一群体的关注，时不时推出优惠来留住他们。

总之，大数据统计分析技术能够为零售企业精准定位客户需求，带来更高的利润。但要留住客户，则需要依靠零售企业的各种活动。

（三）提升用户洞察力，优化产品与服务

在高度发达的互联网时代，自媒体正深刻地影响人们的日常工作、生活。在网络中，人们自由发表意见、观点，展示自己的才能、性格。作为社会中的个体，内心深处都有希望得到认可和肯定的情感取向。零售企业可以根据用户这一心理特征，搭建不同类型的社交平台，让消费者尽情倾诉自身的需求、意见。在这个过程中，会存在信息增长过快、数据不够准确等问题，此时企业可以采取大数据技术，对庞杂的数据进行梳理、分析、评价，定位客户需求。与传统的调查方式相比，大数据统计更全面、覆盖面更广、代表性更强，为零售企业了解客户需要，提供优质产品和服务提供帮助。

四、大数据驱动物流业

物流业产生的数据量同样巨大，企业供应链物流在货物流转、车辆追踪等过程产生海量数据，对于这些数据，传统调查无法做到及时、准确地处理，影响物流企业的判断。作为新兴信息手段的大数据技术，让这一难题不复存在，企业有了更多的发展机遇。

（一）科学预测消费需求

物流企业利用大数据挖掘、分析技术，根据用户的历史记录，建构相应的模型，全面了解消费者的消费习惯、消费能力、消费欲望等信息，为预测其消费行为提供可行性。同时，预测产品在不同地区、不同时间段的需求，提前制定配货方式，进行车辆调配，以免出现调配不合理的情况，实现订单的有效分配，提高资源利用率，降低运输成本。

（二）提高分拣效率

借助大数据技术能够优化物流程序，实现物流装卸人员、拉货人员的最佳搭配。根据智能系统计算分拣最短路径，大大减少了作业人员的工作量，提

高分拣效率。例如，利用传感技术和大数据研发的智能搬运机器人，借助调度系统和人工智能技术，能够实现自动避障、规划路径，加上能全天候作业的特性，与人工相比，大大提高了货物搬运效率。

（三）优化配送路线

物流企业的配送效率、成本，很大程度受到配送路线的制约。通过大数据技术，分析影响配送方案的因素，如高速收费、道路等级、气候、季节性变化、配送中心辐射半径、不同市场售价、渠道费用、人力成本等，在此基础上选择最优的运输方案和路线。同时，统计、分析配送过程中的数据，了解路况，减少交通事故的发生，保障人员和产品的安全。

（四）优化商品存储

物流企业仓库空间有限，要想提高仓库的利用效率，商品存储优化是关键，同时还可以提升商品运输率和分拣速度。利用大数据技术关联模式，准确表示出零售商品的关联性，了解各待售商品的品种、性质，再根据一定的方式进行划分、分拣，对于一些价值流失快的商品迅速分拣出来、销售出去，以免造成物流企业不必要的损失。

五、大数据驱动银行等金融服务业

传统金融业的地位在"互联网+"模式下面临冲击，走出困境的一个重要途径在于与大数据技术的结合，它让分散于金融业网络和IT系统的数据与基于业务驱动的外部数据相融，围绕相关业务为客户带来更好的服务体验，做到规避风险、精准营销，提高内部管理水平。

（一）提升用户体验

为了留住老客户、并吸引更多的潜在客户，银行等金融机构要注重客户体验，对于客户来说，体验感良好，自然愿意长期使用其产品和享受相应的服务。大数据反馈技术让金融企业能够全面了解客户的金融需求，优化服务水平。通过采集客户的网上银行使用习惯、网页点击习惯、客户端界面及功能使用情况的数据，了解客户喜好，对应用界面布局、形状、颜色搭配等进行调整，给客户更佳的视觉和使用体验。利用大数据分析报告让客户了解各款金融产品的盈利情况，为投资决策提供依据，从中赚取服务费等，提高竞争力。在未来，银行要更关注客户的体验，采取各种手段吸引客户使用公司产品，增强客户对产品的黏性。

（二）实现精准营销

金融机构的客户群体多而杂，可以通过云端存储客户偏好、消费习惯、社会关系等信息。像账户、交易、产品等结构化数据，图像、视频、语音等非结构化数据，其中都有不少有价值的信息，这为银行的策略决策提供重要依据。借助大数据挖掘、分析等技术手段，根据相关性分析客户数据、产品数据、地理空间等，勾勒关于客户的全景视图，为客户提供个性化的服务，实现精准营销。

（三）风险控制

金融领域的风险不可避免，这也是银行等机构的痛点所在，风险控制能力的强弱，集中反映了企业的竞争实力高低。在过去，银行基本是根据客户之前的营业数据、信用信息评估违约风险，该做法前瞻性不足。事实上，除了企业自身经营状态，行业整体发展状况也是违约的一个重要考量因素。现如今，使用大数据技术，将客户的基础信息、财务状况和金融交易数据等传统数据库，与从社交媒体、互联网金融平台获取的客户信用数据综合起来，形成更全面、客观的用户信用评价机制，让评估结果更准确，减少因客户违约带来的经济损失。

（四）优化市场、内部管理流程

运用大数据，银行能够对各种市场推广渠道实时监测，促进业务的调整、优化，拓宽更多合作渠道；了解更适合推广自身业务的平台，实现渠道和推广策略的优化。

利用大数据，能够使银行内部透明度提高，信息在各部门得以顺畅流动；在分析、处理海量数据的过程中，内部组织的管理流程得以优化，有效提升了企业的运转效率。

（五）保险业差别定价

大数据时代，海量信息的获取成本大幅下降。在金融领域，如保险公司利用互联网的各种有关数据，社交网络的文字、视频、图片等结构化、非结构化信息，对目标客户群进行细分，在定价时体现差异性，实施完全差别定价策略，进而改善保险业架构。比如，根据车联网技术采集汽车运动状态、驾驶操作、车辆周围状况等数据，进而了解司机的驾驶习惯、行为模式，建立起以人为主的差异化、多元化定价模型。

第四节 大数据时代企业信息化发展的重要趋势

知识经济时代下，大数据技术被广泛应用于各行各业。数据的几何式增长，对个人的日常工作、学习、生活，企业的生产经营等方方面面带来深刻的影响。在信息化时代，企业的战略制定要考虑以下几个方面。

一、对大数据有全面的认知

作为一种新兴事物，大数据技术应用以及各方面的法律法规在不断地完善当中，此时企业很难准确把握大数据特点，在信息采集、分析和应用时往往会遇到各种阻碍。基于此，企业要努力学习大数据有关知识，对数据的收集、统计、处理高度关注。

二、做好信息化建设总规划

大数据时代对企业管理者来说是一项巨大的挑战，管理者需要突破思维定式，以更开阔的眼界、更开放的理念去认识和理解大数据，致力于组织的信息化建设；深刻理解大数据时代的特征，为制定科学、有效的战略提供技术支持。

三、专业人员培训、信息技术研发投入

在大多数企业管理者眼中，信息化部门历来是资金投入较多的地方，对通过信息化建设来降低生产成本毫无头绪。基于此，领导层应立足企业现有条件和信息化现状，加大对专业人员、信息技术研发的投入，从而挖掘更多有价值、能切实提高企业效益的信息数据。要注意的是，培训和研发是一项系统工程，需要建立一个长效机制。

四、分类、采集、存储、整合大数据

大数据时代，企业要了解历史数据和未来数据之间的关系，通过数据的分类、采集、存储，将信息转化为有用的价值，接下来再考虑应用、管理等

问题。

　　综上所述，企业信息化建设道路充满荆棘、坎坷，但其中也隐藏着各种机遇，企业要想把握机遇，实现可持续发展，关键在于优化组织信息管理流程，依托大数据技术建立起相应的决策机制体系。

参考文献

［1］约瑟夫·熊彼特. 经济发展理论［M］. 何畏，译. 北京：商务印书馆，2017.

［2］祝宝江，周荣虎，陈国雄. 企业管理［M］. 上海：上海交通大学出版社，2017.

［3］王竹丹，管恒善，陈琦. 企业经济发展与管理创新研究［M］. 长春：吉林人民出版社，2017.

［4］唐娟，周海荣，朱靖华. 企业经济管理的信息化研究［M］. 长春：吉林文史出版社，2016.

［5］周鹏，赵东方. 中国区域经济发展比较研究［M］. 北京：中国经济出版社，2017.

［6］赵高斌，康峰，陈志文. 经济发展要素与企业管理［M］. 长春：吉林人民出版社，2020.

［7］康芳，马婧，易善秋. 现代管理创新与企业经济发展［M］. 长春：吉林出版集团股份有限公司，2021.

［8］孙贵丽. 现代企业发展与经济管理创新策略［M］. 长春：吉林科学技术出版社，2022.

［9］麦文桢，陈高峰，高文成. 现代企业经济管理及信息化发展路径研究［M］. 北京：中国财富出版社有限公司，2021.

［10］杨荣桂. 数字经济政策对企业创新发展影响研究［D］. 长春：吉林大学，2022.

［11］郭子涵. 中国国有高新技术企业创新发展的对策研究［D］. 大连：辽宁师范大学，2017.

［12］贾杭胜. 民营中小企业创新发展机制研究［D］. 合肥：合肥工业大学，

2016.

［13］李小清. 我国中小企业创新发展战略研究［D］. 成都：四川大学，2006.

［14］潘清和. 创新驱动发展战略下企业创新人才协同培养研究［D］. 昆明：昆明理工大学，2017.

［15］潘亚凡. 国有企业创新驱动发展的动力机制研究［D］. 长春：吉林大学，2021.

［16］彭晶晶. 连锁经营管理对企业发展的价值［J］. 上海商业，2023（2）：238-240.

［17］阚勤. 刍议连锁经营管理对企业发展的推动作用［J］. 现代工业经济和信息化，2022，12（5）：199-200；220.

［18］戈丹. 连锁经营管理对企业发展的重要推动作用分析［J］. 商讯，2020（29）：121-122.

［19］刘勇强. 技术创新动态能力对企业成本粘性的影响［J］. 技术经济与管理研究，2022（12）：29-34.

［20］王昶，孙运梅，何琪，等. 主配协同何以促进配套企业技术创新？［J/OL］. 科学学研究：1-20［2023-04-07］.

［21］刘潇，刘廷华. 开发区内企业技术创新优势来源：补贴还是集聚？［J］. 现代经济探讨，2023（2）：64-76.

［22］刘飞虎. 制造业企业技术创新提升路径［J］. 经济研究导刊，2022（32）：1-3.

［23］李一鸣，吴瑶. 企业数字化对绿色技术创新的影响研究［J］. 科技与管理，2022，24（6）：85-96.

［24］王炎. 创新发展硕果累累中小企业"加速培优"［J］. 经营管理者，2023（1）：29-31.

［25］熊国斌. 加快企业转型发展、创新发展、高质量发展［J］. 经营管理者，2022（12）：17.

［26］李燕. 企业管理创新发展策略研究［J］. 办公室业务，2022（23）：74-76；83.

［27］杨莉. 当前背景下企业管理的创新发展策略分析［J］. 全国流通经济，2022（19）：71-73.

［28］林泽炎，林晨阳子. 新发展阶段民营企业创新发展的逻辑及政策［J］. 经济研究参考，2022（6）：57-64.

［29］李光辉. 政府产业基金、地方金融发展与企业创新研究［J］. 现代商业，2022（15）：80-82.

［30］段金弟，黄萍，易娟，等. 以标准化引领"专精特新"企业创新发展［J］. 表面工程与再制造，2022，22（2）：17-18.

［31］闫银凤：赢领企业创新发展的带头人［J］. 人大建设，2022（4）：65.